CHRISTIAN SEHER   JOHANNES PUCH

EINE KULINARISCHE ENTDECKUNGSREISE

Kärnten und Osttirol

Umschau

INHALT

Mit 3798 Metern ist der Großglockner der höchste Berg Österreichs

INHALT

Nicht nur als Filmkulisse seit Jahrzehnten beliebt: der Wörthersee, einer der wärmsten Alpenseen

Karte
Kärnten & Osttirol

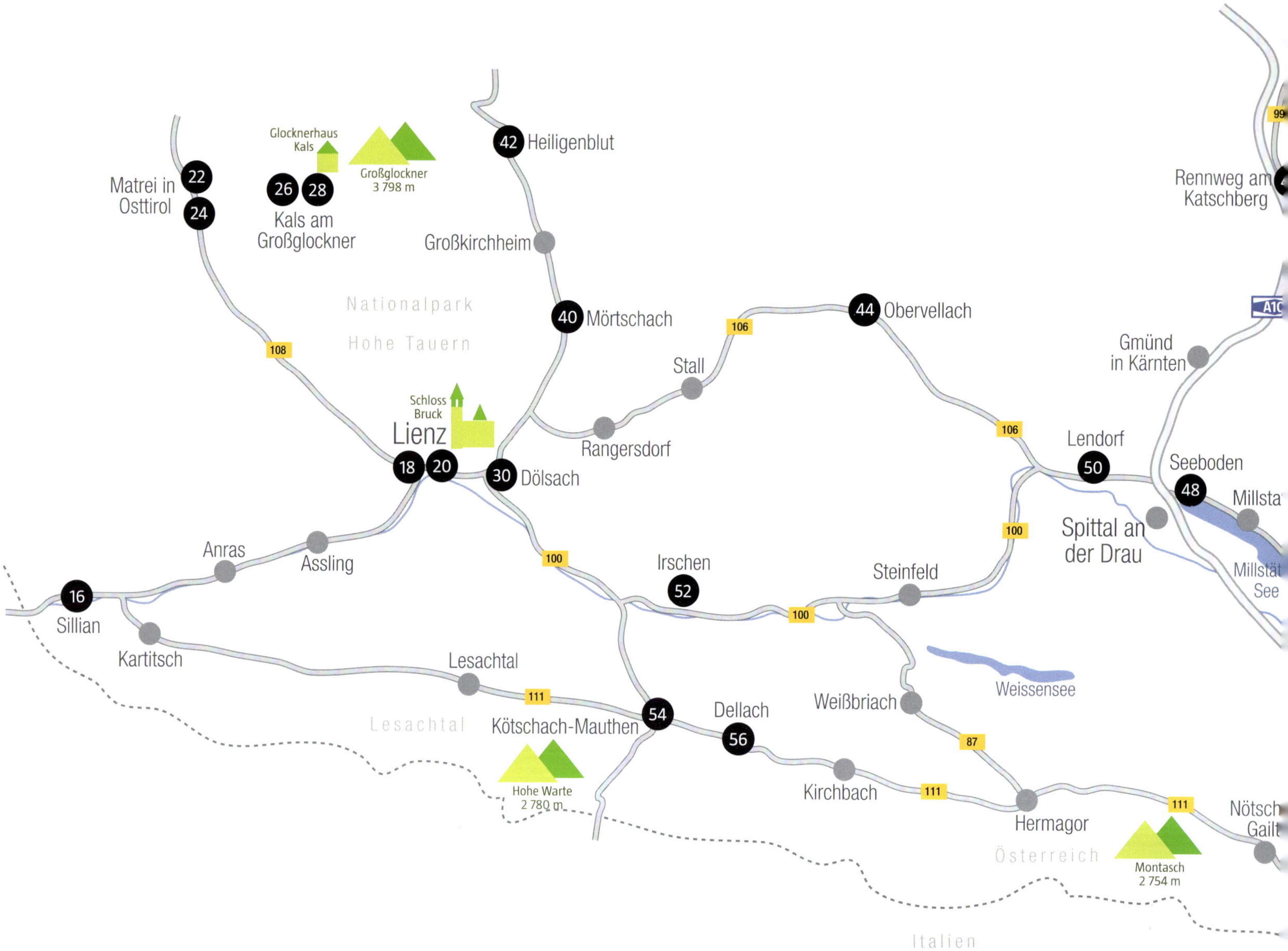

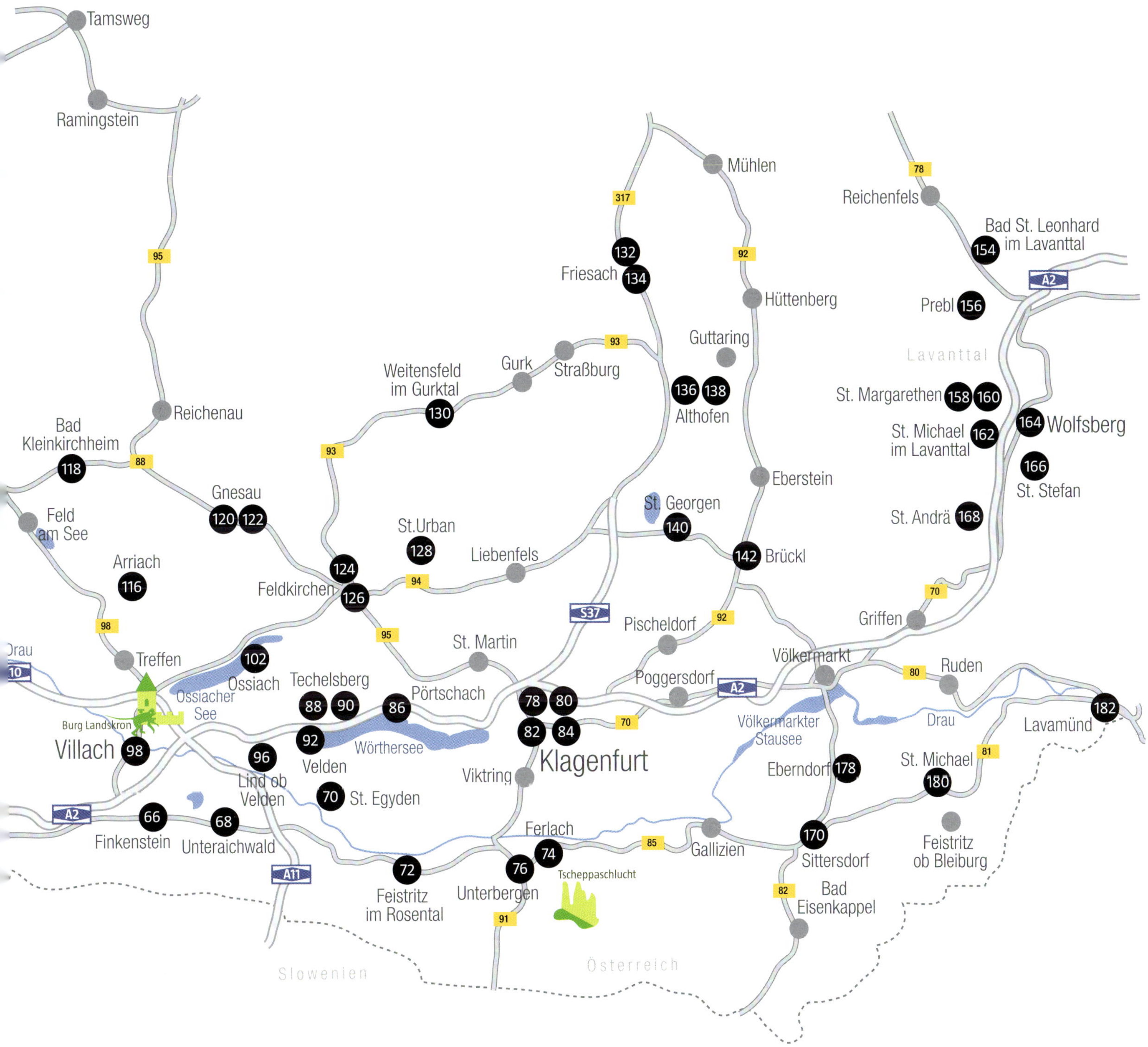
Tamsweg
Ramingstein
Reichenau
Bad Kleinkirchheim
Feld am See
Arriach
Treffen
Gnesau
Feldkirchen
Ossiach
Ossiacher See
Burg Landskron
Villach
Techelsberg
Velden
Wörthersee
Lind ob Velden
St. Egyden
Finkenstein
Unteraichwald
Feistritz im Rosental
Pörtschach
St.Urban
Liebenfels
St. Martin
Weitensfeld im Gurktal
Gurk
Straßburg
Friesach
Mühlen
Hüttenberg
Guttaring
Althofen
St. Georgen
Eberstein
Brückl
Pischeldorf
Poggersdorf
Klagenfurt
Viktring
Ferlach
Unterbergen
Tscheppaschlucht
Gallizien
Völkermarkt
Völkermarkter Stausee
Eberndorf
Sittersdorf
Bad Eisenkappel
Reichenfels
Bad St. Leonhard im Lavanttal
Prebl
Lavanttal
St. Margarethen
St. Michael im Lavanttal
Wolfsberg
St. Stefan
St. Andrä
Griffen
Ruden
Drau
Lavamünd
St. Michael
Feistritz ob Bleiburg
Slowenien
Österreich

Faszination Alpen: die Hochgebirgslandschaft der Hohen Tauern

VORWORT

Willkommen in Österreichs sonnigem Süden

Das Schöne an Urlaubsfotos und Urlaubsvideos ist, dass man das auf den Bildern Festgehaltene zu Hause noch einmal erleben kann. Oftmals sogar intensiver, als man es hinter der Kamera stehend empfunden hat. Zu sehr war man im Moment der Aufnahme damit beschäftigt, das richtige Motiv in den Mittelpunkt zu rücken und den perfekten Augenblick einzufangen. Ähnlich verhält es sich beim Verfassen eines Reiseführers. Ganz besonders dann, wenn es sich dabei um einen Reiseführer durch die eigene Heimat handelt. Man streift mit dem Kamerablick durchs Land, hat niemals genügend Zeit, all das genauer zu erkunden, was einem auf der Reise so ins Auge sticht, und entdeckt dabei doch so vieles an Schönem und Besonderem, woran man in all den Jahren zuvor so achtlos vorübergefahren ist. Ein wenig erging es mir wie während meiner Studien- und Arbeitsjahre in Wien, als ich die Stadt meist erst dann mit offenen Augen betrachtete, wenn Verwandte und Freunde zu Besuch kamen und ich ihnen die Sehenswürdigkeiten meiner zweiten Heimat präsentieren wollte.

Anders als damals hatte ich bei dieser kulinarischen Entdeckungsreise allerdings einige großartige Tour-Guides an meiner Seite. Zum einen mit Johannes Puch einen Fotografen, der mir einen zusätzlichen Blickwinkel auf die vielen Schönheiten unserer Heimat eröffnet hat. Und zum anderen eine Vielzahl an kundigen lokalen Reiseführern in den Wirtinnen und Wirten auf den Stationen dieser Tour. Ich durfte wildromantische Täler und malerische Plätze an den Ufern von Seen ebenso entdecken wie die Ruhe und Weite hoch gelegener Almen. Und überall habe ich interessante Menschen getroffen und von ihnen viel über die Besonderheiten ihrer Region erfahren. Die zahllosen bunten Eindrücke auf einer solchen Reise machen es oft schwer, sich zurückzunehmen und das große Ganze zu genießen. Umso schöner ist es allerdings jetzt, da die „Kulinarische Entdeckungsreise durch Kärnten und Osttirol" in gedruckter Form vorliegt und die Impressionen, die ich während der Reise sammeln konnte, durch so stimmungsvolle Bilder ergänzt werden. Ich wünsche Ihnen bei der Lektüre viel Vergnügen und hoffe, dass auch Sie dabei auf die eine oder andere Region oder kulinarische Besonderheit stoßen, die Sie selbst einmal genauer erkunden möchten. Der Süden Österreichs wartet darauf, von Ihnen entdeckt zu werden!

Christian Seher

Im Schutz der Berge: Kals am Großglockner (o.), Impression im Tal in Matrei (r.) und kleine Kapelle neben dem Matreier Tauernhaus (ganz rechts)

LAND DER BERGE

Osttirol – zwischen Glockner und Dolomiten

Viel schöner und landschaftlich eindrucksvoller könnten wir unsere kulinarische Entdeckungsreise durch den Süden Österreichs wohl kaum beginnen. Osttirol, das ist das Land der Berge. Egal, ob man vom Norden über den Felbertauern oder von Südtirol über das Pustertal in dieses herrliche Naturparadies reist: Von den mächtigen Gebirgszügen der Hohen Tauern bis zu den Lienzer Dolomiten zählt man hier mehr als 240 Dreitausender, darunter die höchsten Gipfel Österreichs. Einen Autobahnanschluss sucht man dabei übrigens vergebens. Und das ist gut so, denn die Aussicht während der Fahrt durch die wildromantischen Täler und reizvollen, kleinen Ortschaften entschädigt großzügig für das bisschen mehr an Zeit, das man einplanen muss. Im Sommer leuchten die Almwiesen in sattem Grün herunter, zudem machen zahllose Wasserfälle entlang der kurvigen Landstraßen die Reise zu einem kurzweiligen Vergnügen. Kein Wunder, dass Osttirol als Paradies für Wanderer und Skifahrer gilt.

Umso erfreulicher, dass das Land vom Massentourismus bisher dennoch weitgehend verschont geblieben ist. Bergdörfer wie Prägraten am Großvenediger oder Kals am Großglockner haben sich ihren ursprünglichen Charme erhalten. Und auch das neue, topmoderne Großglockner Resort zwischen Kals und Matrei gilt nicht nur als eines der schönsten Skigebiete der Alpen, sondern unter Kennern immer noch als echter Geheimtipp: Wartezeiten gibt es hier so gut wie keine, das weitläufige Skiresort bietet genügend Platz auf den Pisten und einen überwältigenden Ausblick auf die Bergspitzen der Glockner-, Schober- und Granatspitzgruppe. Ein Ausblick, der sich natürlich auch bei einer Wanderung im Sommer wunderbar genießen lässt. Ebenso zu empfehlen: ein Ausflug in den Nationalpark Hohe Tauern, wo ausgebildete Nationalpark-Ranger geführte Touren durch eine der abwechslungsreichsten Naturlandschaften des gesamten Alpenraums anbieten.

Das Herz von Osttirol schlägt in der charmanten „Dolomitenstadt“ Lienz. Malerische Fußgängerzonen, nette Cafés entlang des Hauptplatzes und hübsche, kleine Modeboutiquen laden zum kurzweiligen Shoppingbummel ein. Von der sagenumwobenen „Tiroler Sturheit“ ist wenig zu spüren, eher schon ein wenig von der Lebensfreude des nahen Italiens. In Lienz herrscht bereits ein fast südländisches Flair. Überhaupt sind die Menschen in Osttirol spürbar offener als anderswo; wobei hier genau genommen sogar eine typische Tiroler Eigenart zum Tragen kommt: Denn „per Du“ ist man auch mit allen Neuankömmlingen sehr schnell, und so redet man halt einfach leichter miteinander.

Das Naturparadies zwischen Tauern, Dolomiten und Karnischem Kamm hat aber auch kulinarisch einiges zu bieten. So bergen das alpine Klima und die weiten Almwiesen in bis zu 3.000 Metern Höhe geradezu ideale Voraussetzungen für die Schafzucht, die hier eine jahrhundertelange Tradition hat. Das Osttiroler Berglamm gilt als regionale Spezialität und wird bei vielen Wirten im ganzen Land in allerlei Varianten zum Genuss angeboten. Wer einmal vom zarten Fleisch des Osttiroler Berglamms gekostet hat, ist überzeugt. Und wer dem Rätsel dieses besonderen Geschmacks auf den Grund gehen möchte, entdeckt neben den nach herrlichen Kräutern duftenden Almwiesen und dem von Generation zu Generation weitergegebenen Erfahrungsschatz der Züchter auch den Umstand, dass bereits das Tier selbst die allerbesten Voraussetzungen für den kulinarischen Hochgenuss in sich trägt: Beim Osttiroler Berglamm handelt es sich nämlich um eine Kreuzung des Tiroler Bergschafs und des sehr widerstandsfähigen Tiroler Steinschafs mit fleischbetonten Rassen – der Wohlgeschmack ist dem Lamm damit sozusagen in die Wiege gelegt.

Beinahe ebenso stolz wie auf seine Schafe ist der Osttiroler aber auch auf eine sonst eher weniger beachtete Beilage. Und das mit vollem Recht: OSKAR, die „Osttiroler Kartoffel“, ist ein nicht mehr wegzudenkender Bestandteil der regionalen Küche. Das Geschmacksgeheimnis liegt auch hier in den Besonderheiten der Region. Die relativ großen Temperaturschwankungen zwischen Tag und Nacht und das besondere Klima bewirken ein langsameres Wachstum der Kartoffeln und einen guten Schutz vor Schädlingen. Das Ergebnis: ein besonders feiner Geschmack und eine robuste Qualität, dank derer OSKAR nun nach und nach auch die Herzen von Feinschmeckern in anderen Bundesländern Österreichs erobert.

Osttiroler Kostbarkeiten: die Kartoffel OSKAR
und die prachtvollen Almwiesen (l.). Oben der
Floriani-Brunnen am Johannisplatz von Lienz

Gasthof Sillianer Wirt

WIA DAHAM

Moderne Gastlichkeit in historischen Gemäuern

Das Hochpustertal ist eine echte Perle der Natur. Dabei hat das Hochtal an der Grenze zu Südtirol weit mehr als nur landschaftliche Schönheit zu bieten. Wunderbare alte Höfe und Kirchenbauten zum Beispiel. Eines der traditionsreichsten Gebäude ist der Sillianer Wirt, ein rund 500 Jahre alter Gasthof, der im Jahr 2002 sorgsam renoviert wurde. Seither wird der Betrieb von Johannes und Karin Hofmann als Gasthof mit Restaurant und Appartements geführt. Die lange Geschichte des Gebäudes ist immer noch an der Bausubstanz und den liebevoll restaurierten Stuben und Gästezimmern spürbar.

Den einzigartigen Charme wissen Einheimische ebenso zu schätzen wie Urlauber aus Österreich, Deutschland und Italien. In den großen, mit duftendem Holz eingerichteten Appartements findet man Ruhe und Erholung. Sillian ist ein idealer Ausgangspunkt für Bikertouren entlang der Sella Ronda oder bis nach Kärnten. Am Abend kehrt man zurück, um sich hier nach allen Regeln der Kochkunst verwöhnen zu lassen. Mit regionalen Spezialitäten wie Tiroler Gröstl oder Schlipfkrapfen oder einem der vorzüglichen Gourmetmenüs. Küchenchef Egon Aigner kocht mit saisonalen Produkten und orientiert sich auch bei der Menüauswahl an den vier Jahreszeiten. Vervollständigt wird der Genuss durch das besondere Ambiente: Ob in der Bürgerstube, der Extrastube, in der Rachkuchl oder im Speicher – in den original eingerichteten und liebevoll dekorierten Stuben schmeckt alles noch einmal so gut. Zudem sorgt der aufmerksame Service des Teams rund um Johannes und Karin Hofmann für eine angenehm heimelige Atmosphäre. Da kann es schon vorkommen, dass man noch ein bisschen länger sitzen bleibt und sich danach zu einem Abschiedstrunk mit den Wirtsleuten an die Bar gesellt. Es zahlt sich jedenfalls aus, für den Besuch beim Sillianer Wirt etwas mehr Zeit einzuplanen.

Osttiroler Blattlstock (u.)

Dieses Rezept finden Sie auf Seite 32

GASTHOF SILLIANER WIRT
Familie Hofmann
Sillian 51
A-9920 Sillian
Telefon 00 43 (0) 48 42 / 2 01 50
www.sillianerwirt.at

Maltose Hopfen
Gösser

BRAUTRADITION SEIT 1902

Im Brauereigasthof Falkenstein erwartet Sie mehr als nur Bierkultur

Für den Brauereigasthof Falkenstein wurde schon immer eigenes Bier gebraut. 1902, vor über 100 Jahren, eröffnete Johann Baptist Steiner die Brauerei Falkenstein und den dazugehörigen Gasthof. Beide Betriebe wurden später von der Gösser Brauerei übernommen; und seither braut man hier für den ganzen Osttiroler und Oberkärntner Raum.

Im Gasthof selbst werden rund 40 verschiedene Biersorten angeboten. Neben den vorzüglichen heimischen Produkten gibt es so manche Spezialität aus Belgien, England, Schottland oder Amerika. Auch in der Küche kommt der edle Gerstensaft zum Einsatz. Wie beim herzhaften Dunkelbierbratl, das mit Gösser Stiftsbräu aufgegossen und mit Bierbrezenknödel und frischem Schmorkraut serviert wird. Der Brauereigasthof Falkenstein ist aber auch für seine Rindfleischküche bekannt, in der ausschließlich mit Fleisch von der Kalbin gekocht wird. Und selbst Vegetarier und Veganer können hier echtes Wirtshausessen genießen und aus einer eigenen, ständig wechselnden Karte wählen.

Robert Sprenger, der weitgereiste Koch des Gasthofs, lässt seine Kreativität gekonnt mit der Brauhausküche verschmelzen. Wie beim 8-gängigen Bier-Galamenü, zu dem Chef Artur Wieser, der erste und bisher einzige Biersommelier Osttirols, die passenden Biersorten serviert. Für die Desserts ist Hausherrin Regina Wieser persönlich zuständig. Sämtliche Eis, Sorbets und Süßspeisen, wie die Holundergrießknödel oder das raffinierte „Bieramisu", werden hier selbst gemacht.

Im Brauereigasthof Falkenstein wird aber nicht nur Bier- und Esskultur gelebt. Es gibt auch regelmäßige Veranstaltungen wie das Oktoberfest oder Livemusikabende – bei denen mitunter auch Chef Artur Wieser als Gitarrist mit so manch bekannter Volksmusikgruppe auf der Bühne zu sehen ist.

Fledermausschnitzel in Kräuter-Roggenmalz-Panade

Dieses Rezept finden Sie auf Seite 32

BRAUEREIGASTHOF FALKENSTEIN
Artur Wieser
Pustertalerstraße 40
A-9900 Lienz
Telefon 00 43 (0) 48 52 / 6 22 70
www.brauereiwirt.at

ITALIENISCHE LEBENSART

In der Weinphilo kann man nicht nur etwas über Wein lernen

Kostproben an der „Käsestraße"

Nähere Informationen finden Sie auf Seite 33

Fünf Jahre haben sich Alexandra und Mario Urso intensiv mit der Weinkunde beschäftigt, Winzer in Österreich, Frankreich und in ganz Italien besucht und deren Produkte verkostet. 2003 schließlich eröffneten die gebürtige Lienzerin und ihr aus Kalabrien stammender Mann ihre kleine, feine Wein-Oase in der Lienzer Altstadt. Weinliebhaber und alle, die es noch werden wollen, finden hier die besten Rebsorten Italiens und Frankreichs und aus jeder österreichischen Region zumindest einen Winzer. Statt einer Karte hängt an der Wand eine dekorative Weintafel, die alle zehn Tage neu beschrieben wird. Denn Alexandra und Mario Urso möchten ihren Gästen nicht nur Qualität, sondern auch Vielfalt bieten. So gibt es hier auch ganz ausgezeichnete Destillate, Kaffee-, Käse- und Wurstspezialitäten, Nudeln, Antipasti und Süßes zum Verkosten und Mitnehmen.

Jeden Samstag kann man die Weinphilo für private Weinabende mieten. Bei der Gelegenheit servieren Alexandra und Mario feinsten Prosciutto, Salami, Antipasti und auf den Punkt gereiften Käse. Ein besonderer Genuss: die „Käsestraße" mit feinem Weichkäse, mild-würzigem Dolcelatte, aromatischem Ziegenmilchkäse, Pecorino und vielem mehr. Originale Weinfässer als kleine Tische sorgen dafür, dass man schnell zueinander findet und neben Wein und Käse auch ein wenig italienische Lebensart verkostet. Im Sommer kann man diese zudem im Gastgarten in der schönen Lienzer Fußgängerzone genießen – beispielsweise bei einem im wahrsten Sinne ausgezeichneten Espresso oder Cappuccino: Die Weinphilo wurde vom Falstaff nämlich unter die 500 besten Kaffeehäuser Österreichs gereiht. Die Spezialitäten aus der Weinphilo findet man übrigens auch in einem der traditionsreichsten Lokale der Dolomitenstadt: im Postcafé. Alexandra und Mario Urso haben mit dessen Übernahme vor knapp zwei Jahren ein Stück Lienzer Kaffeehausgeschichte wiederbelebt.

WEINPHILO
Alexandra und Mario Urso
Messinggasse 11
A-9900 Lienz
Telefon 00 43 (0) 48 52 / 6 12 53
www.weinphilo.com

-lich
Willkommen

FEINE ERLEBNISGASTRONOMIE

Kreative Küche im Ambiente einer alten Osttiroler Mühle

Maishendl-Spieß
mit Tiroler Speck & Trauben
Dieses Rezept finden Sie auf Seite 33

Seit knapp 30 Jahren gibt es die „Alte Mühle“ in Matrei. Den Restaurantbereich bildet ein ehemaliges Futterhaus, das – ebenso wie die alte Mühle selbst, die heute als Wirtsstube dient – an ihrem ursprünglichen Standort abgetragen und hier, nur 400 Meter vom Ortszentrum entfernt und in unmittelbarer Nähe zur Talstation des Großglockner Ski- und Wandergebiets, wieder aufgebaut wurde.

Den beiden Wirtsleuten Marcel und Renate Karolyi-Steiner ist es gelungen, eine höchst angenehme Mischung aus Osttiroler Gastlichkeit und Erlebnisgastronomie zu kreieren. Serviert wird in traditioneller Tracht, die Mädeln in feschen Dirndln. Das Restaurant und die über eine Schauküche verbundene Wirtsstube sind mit vielen originalen Handwerksgeräten des regionalen Bauerntums dekoriert und erinnern an ein kleines Museum. Der Geist, der hier herrscht, ist jedoch alles andere als antiquiert. Die Alte Mühle ist bekannt für ihre alpin-mediterrane Küche – auf der Speisekarte findet man von original Osttiroler Schlipfkrapfen über das Mühlenpfandl bis zu den gegrillten Lammkoteletts für jeden Geschmack das Passende. Saisonale Gerichte ergänzen das kulinarische Angebot, und die Weinkarte ist hervorragend besetzt, vornehmlich mit bekannten Namen aus Österreich und Italien, dazu mit einer großen Auswahl an Edelbränden.

In der urigen Wirtsstube befindet sich eine originale, immer noch intakte Schaumühle. Und auch die Wassermühle neben der neu gestalteten „Alpen.lounge“ auf der großen, sonnigen Terrasse ist nach wie vor in Betrieb. Das harmonische Miteinander von Tradition und Moderne spiegelt sich auch im dazugehörigen AlpenParks Hotel wider – sowie im Cateringangebot der Alten Mühle: Wo sonst kann man zum Beispiel ein Almfrühstück auf stilvoll gedeckten weißen Tischen am Ufer eines kleinen Bergsees buchen?

WIRTSHAUS & RESTAURANT „ALTE MÜHLE“ MATREI
Familie Karolyi-Steiner
Gereitstraße 4
A-9971 Matrei in Osttirol
Telefon 00 43 (0) 48 75 / 5 10 20 10
www.altemühle.at

Tauernhaus
Otto Brugger

DAS MATREIER TAUERNHAUS

Kochkunst inmitten eindrucksvoller Natur

Seit weit mehr als einem Jahrhundert ist das Matreier Tauernhaus schon im Besitz der Familie Brugger. Rund 150 Personen finden hier, in dem historisch wertvollen Gebäude inmitten des Nationalparks Hohe Tauern, Rast und Unterkunft. Wie viele es bisher, seit das Haus im Jahr 1207 erstmals urkundlich erwähnt wurde, tatsächlich waren, mag man nur erahnen. In der „Alten Stube" erfährt man anhand von Schautafeln jedoch einiges über die Geschichte der Tauernhäuser, die einst vom Erzbischof von Salzburg gegründet wurden, um den Saumhandel über die Tauern voranzutreiben: das Matreier Tauernhaus im Süden und das Spittaler sowie das Schlößwendter Tauernhaus im Norden. Bis hierher kam man mit der Kutsche, danach ging es mit dem Samerzug – also hoch zu Ross – weiter; und auch heute noch ist beim Tauernhaus mit dem Auto Schluss.

Kein Wunder also, dass sich das Matreier Tauernhaus als wahres Paradies für Wanderer im Sommer und Skitourengeher im Winter herumgesprochen hat. Und dennoch gilt die Region hier immer noch als touristisch kaum erschlossener Geheimtipp – eine wahrhaft imposante Naturbühne mit einer Vielzahl an Wanderrouten und kristallklaren Gebirgsseen.

Schon etwas mehr als ein Geheimtipp ist dagegen die mit viel Lokalkolorit versehene Küche des Matreier Tauernhauses. Gekocht wird mit eigenen und regionalen Produkten. Nicht verpassen sollte man auf alle Fälle die berühmten Osttiroler Schlipfkrapfen oder die Getaura Kasnocken auf Blattspinat. Alljährlich am letzten Sonntag im August wird im Matreier Tauernhaus der Getaura Kirchtag veranstaltet. Und nur dann wird hier das berühmte Getaura Kirchtags-Schöpserne mit Lamm- und Schafsfleisch serviert sowie der frisch gebackene Kirchtagskrapfen. Wir wünschen guten Appetit!

Getaura Kasnocken auf Blattspinat
Dieses Rezept finden Sie auf Seite 34

MATREIER TAUERNHAUS
Anneli und Andreas Brugger
Tauer 22
A-9971 Matrei
Telefon 00 43 (0) 48 75 / 88 11
www.matreier-tauernhaus.com

2621

AM GIPFEL DER GENÜSSE

Die Adler Lounge ist eines der besten Bergrestaurants Österreichs

Die Adler Lounge, hoch über Kals, inmitten des eindrucksvollen Großglockner Skiresorts, ist ein Gipfelrestaurant der ganz besonderen Art. Durch die hohen Glasfronten des modernen Gebäudes und vom luftigen Sky-Walk aus blickt man auf über 60 Dreitausender, darunter auch auf Österreichs höchsten Berg, den Großglockner. Innen überzeugt die Adler Lounge als gelungene Mischung aus alpiner Gemütlichkeit und innovativem Design, außen mit einer großen Terrasse, auf der sich auch im Winter die Sonne bis zum späten Nachmittag genießen lässt.

Die Komponenten Berg, Architektur und Genuss bilden hier ein harmonisches Miteinander. Sei es in den stylishen Suiten oder im Restaurant selbst, in dem man Skifahrer und Wanderer mit feiner Gourmetküche ebenso zu verwöhnen weiß wie mit typischen Hüttengerichten in allerbester Tradition. So finden sich auf der Karte Köstlichkeiten wie Carpaccio vom Rind oder Gambas al Ajillo neben einem klassischen Wiener Schnitzel oder einem kräftigen Bergfrühstück.

Besonders zu empfehlen sind die köstlichen Fondue-Variationen, die ab zwei Personen in der gemütlichen Lounge im Obergeschoss serviert werden: das Bergkäsefondue mit würzigem Appenzeller und Tiroler Felsenkeller-Käse, das Spicy Thai Fondue mit Ingwer-Zitronengras und rotem Curryfond oder das klassische Fondue Chinoise. Und als Nachspeise locken der frische Kaiserschmarrn und der warme Schokoladenkuchen mit Tonkabohnen-Milch.

Im Winter wie im Sommer ist die Adler Lounge direkt mit der Gondelbahn von Kals aus erreichbar. Im Sommer führt auch ein gemütlicher Wanderweg durch den Nationalpark hierher. Ein besonderes Erlebnis in der kalten Jahreszeit ist das Vollmondskifahren: Nach einem Vier-Gänge-Menü bei Kaminfeuer in der urgemütlichen Zirbenstuben geht's mit den legendären Kalser Bergführern bei romantischem Mondschein ins Tal.

Zweierlei von der Gebirgsbachforelle (u.)
Dieses Rezept finden Sie auf Seite 34

ADLER LOUNGE
Walter Hartweger
Großdorf 81
A-9981 Kals am Großglockner
Telefon 00 43 (0) 48 76 / 82 33-250
www.adlerlounge.at

EIN „OSKAR" FÜR DIE AUSSICHT

Osttiroler Schmankerln und beste Sicht auf den Großglockner

Mohn-Nigelen (o.) und Osttiroler Schlipfkrapfen (u.)
Diese Rezepte finden Sie auf Seite 35

Die Osttiroler Bergwelt ist ein Paradies für Wanderer und Skifahrer, aber auch für Feinschmecker: Im Gasthaus Glocknerblick, auf über 1300 Metern Seehöhe, verwöhnen Elisabeth und Konrad Rogl sommers wie winters mit frisch zubereiteten Osttiroler Spezialitäten. Die Küchenkräuter baut Elisabeth Rogl im eigenen Garten an, das Fleisch stammt großteils von Osttiroler Betrieben, und auch das berühmte Osttiroler Berglamm darf da natürlich nicht fehlen. Besonders beliebt bei den hungrigen Wanderern und Skifahrern ist die kräftige Brettljause mit frischem Brot und Kalser Speck, der noch richtig nach Räucherkammer duftet.

Das Haus wurde in den 30er-Jahren des vorigen Jahrhunderts von Elisabeth Rogls Großeltern als Jausenstation errichtet und im Jahr 2007 von seinen heutigen Besitzern revitalisiert. Besonders gelungen: die neue, helle Gaststube mit direktem Blick auf den Großglockner und die sonnige Terrasse, die in der warmen Jahreszeit bis spät abends zum Verweilen einlädt. Das Klima hier tut übrigens nicht nur uns Menschen gut, sondern ist auch ideal für das Wachstum der berühmten Osttiroler Kartoffel mit dem schönen Namen „Oskar", die als Grundlage für eine ganze Reihe Osttiroler Schmankerln dient – so auch für die Tiroler Schlipfkrapfen, die von der Familie Rogl mit Erdäpfeln, Kräutern und Zwiebeln gefüllt serviert werden.

Das Gasthaus Glocknerblick bietet sich nicht nur zum Einkehren an, sondern auch für einen Natururlaub abseits der Touristenströme. Im Winter hält der Skibus direkt vor der Haustür und bringt die Gäste zur nahen Kalser Gondelbahn. Im Sommer können sich Familien hier – an der südlichsten Spitze des 19 Kilometer langen Kalser Talrundweges – auf schattigen Plätzen bei der Jagglermühle entspannen, während sich die Kinder beim Stauen von kleinen Bächen vergnügen.

GASTHOF GLOCKNERBLICK
Elisabeth und Konrad Rogl
Arnig 7
A-9981 Kals am Großglockner
Telefon 00 43 (0) 48 76 / 2 21 83
www.glocknerblick-kals.at

DER LETZTE OSTTIROLER WIRT

Der Marinelli ist das letzte Gasthaus vor dem Kärntner Tor

Dölsacher Krapfen

Dieses Rezept finden Sie auf Seite 35

Wer Zeit zum Genießen hat, ist beim Marinelli in Dölsach, nur wenige Kilometer vor der Grenze zu Kärnten, genau richtig. Denn etwas Zeit sollte man sich schon nehmen, schließlich wird hier alles noch frisch und selbst gemacht. „Das sind die Leute heutzutage oft nicht mehr gewohnt", sagt Thomas Glanzer, der das ehemalige Bahnwärterhäuschen in vierter Generation als Wirtshaus betreibt.

Früher waren es vor allem die Reisenden auf dem Weg nach Italien, die hier, gleich gegenüber dem Dölsacher Bahnhof, eine Pause eingelegt haben. Heute sind es außer den Einheimischen in erster Linie die Radfahrer – der Drau-Radweg führt nahe am Haus vorbei – oder Jakobsweg-Pilger, die hier (durchgehend warme Küche von 11 bis 21 Uhr) bewirtet werden.

Der Marinelli ist für alle da: Im Winter haben die Eisstockschützen vom ESV Dölsach hier ihr Stammlokal, und im Sommer sind es neben den Wanderern und Radfahrern vor allem Familien, die den ruhigen Gastgarten mit dem großen Kinderspielplatz genießen. Ein Renner bei den Teenagern und jüngeren Erwachsenen ist die mittlerweile schon legendäre Cordon-bleu-Küche des Hauses. Thomas Glanzer überrascht monatlich mit einer neuen Kreation: Cordon bleu mit Hühnerfleisch, mit Spargel oder mit Tiroler Graukäse, je nach Saison. Hinsichtlich Beliebtheit können da nur die Tiroler Schlipfkrapfen – kleine Erdäpfelkrapfen, die mit brauner Butter serviert werden – mithalten. Eine Spezialität des Hauses sind die Dölsacher Krapfen, eine süße, mit Äpfeln gefüllte Variante, die mit einem Apfel-Birnen-Zwetschken-Schnaps, dem Pregler, verfeinert wird.

Übrigens: Die Spezialitäten aus Dölsach kann man jetzt auch zu Hause genießen: Von selbst gemachten Likören über Rosenmarmelade bis hin zu Schlipfkrapfen und Cordon bleu gibt's seit Kurzem sozusagen „Marinelli zum Mitnehmen".

GASTHAUS MARINELLI
Thomas Glanzer
Bahnhofstraße 78
A-9991 Dölsach
Telefon 00 43 (0) 48 52 / 6 82 08
www.gasthaus-marinelli.at

REZEPTE

Bekannt für sein Osttiroler Blattlstock (l.) ist der Gasthof Sillianerwirt (M.). Rechts: Fledermausschnitzel aus dem Brauereigasthof Falkenstein

OSTTIROLER BLATTLSTOCK

Gasthof Sillianerwirt, Seite 16

ZUTATEN FÜR BIS ZU 10 PERSONEN

FÜR DEN GERMTEIG:

1 kg Weizenmehl, 0,5 l Milch, lauwarm, 100 g Butter, 4–5 Eier (2 Eiweiß wegnehmen), 200 g Zucker, Salz, 2 Pckg. Trockengerm (oder 50 g frische Germ)

FÜR DIE FÜLLE:

750 g Mohn, gerieben, 300 g Zucker, Abrieb von Zitronenschale, Zimt, Nelkenpulver, Honig, frische Butter zum Abschmalzen, Preiselbeeren

ZUBEREITUNG

Aus Mehl, lauwarmer Milch, zerlassener Butter, den Eiern, Zucker, Salz und Trockengerm einen Germteig kneten und zugedeckt gehen lassen. Anstelle von Trockengerm kann man auch ein Dampfl zubereiten (s. nächste Spalte). Anschließend aus dem aufgegangenen Teig eine Rolle formen und circa 10 gleichgroße Stücke abschneiden. Jedes Stück etwas rollen und zu einem Blatt in Tortenformgröße auswalken. Die Blätter zudecken, mit einer Nadel einstechen und danach in heißem Fett herausbacken.

Für die Füllung den geriebenen Mohn, Zucker, Zitronenschale, Zimt, Nelken und Honig zu einer geschmeidigen Konsistenz mischen. Die fertige Mohnmischung kurz mit Milch und etwas Zucker aufkochen.

Das erste Blatt auf eine Platte legen, circa 1 Zentimeter dick Fülle daraufstreichen und mit zerlassener, aber nicht brauner Butter übergießen. Dann eine Schicht Preiselbeeren einstreichen. Nun das zweite Blatt daraufsetzen und den Vorgang wiederholen, bis alle Blätter übereinander liegen. Auf das letzte Blatt kommen am meisten Fülle, Butterschmalz und Preiselbeeren.

ANRICHTEN

Den fertigen Blattlstock kann man mit Staubzucker verfeinern.

EXKURS DAMPFL

Das Dampfl ist ein Vorteig aus Mehl, Milch, Zucker und Germ: Man nimmt dafür die vorgegebene Menge des Germwürfels, zerteilt ihn in kleine Stücke und löst ihn in etwas vorgewärmter Milch auf. Die Flüssigkeit mit etwas Salz, Zucker und Mehl zu einem dünnen, flüssigen Brei vermischen. Dann wärmt man noch etwas Mehl auf, gibt es in eine Schüssel und bildet in der Mitte eine kleine Grube, in die man den Germbrei eingießt. Mit Mehl bestauben und abdecken. Nach kurzer Zeit sollte die Gärprobe um das Doppelte aufgegangen sein. Daraus einen Teig kneten. Mit der Zugabe weiterer Flüssigkeit (Milch, Eier) bestimmt man die Qualität bzw. Festigkeit des Teigs. Diesen nun circa 30 Minuten gehen lassen und anschließend (wie oben beschrieben) weiterverarbeiten.

FLEDERMAUSSCHNITZEL IN KRÄUTER-ROGGEN-MALZ-PANADE

Brauereigasthof Falkenstein, Seite 18

ZUTATEN FÜR 2 PERSONEN

2 Fledermausschnitzel à 100 g vom Schwein, Rind oder Kalb

FÜR DIE PANADE:

250 g Toastbrot (oder Semmelbrösel),
50 g glatte Petersilie,
20 g geröstetes Roggenmalz ,
1 Ei,
Saft von 1 Zitrone,
50 g griffiges Mehl,
Butterschmalz zum Backen,
Salz und frisch gemahlener Pfeffer

ZUBEREITUNG

Die Fledermausschnitzel nicht zu dünn plattieren, mit Salz und Pfeffer würzen. Vom Toastbrot die Rinde entfernen und das Brot mit Petersilie und Roggenmalz zu feinen Bröseln cuttern. Das Ei mit Zitronensaft verquirlen.

Die Schnitzel im Mehl wenden, durch die Ei-Mischung ziehen, mit den Roggenmalz-Bröseln panieren und danach bei circa 160 °C im Butterschmalz knusprig backen. Mit Küchenpapier abtupfen und sofort genießen.

ANRICHTEN

Als Beilage passt dazu zum Beispiel ein Kartoffel-Radieschen-Salat.

Die Weinphilo in Lienz (M.) begeistert mit Käsespezialitäten (l.), das Restaurant Alte Mühle u. a. mit einem raffinierten Maishendl-Spieß (r.)

KOSTPROBEN AN DER „KÄSESTRASSE"

Weinphilo, Seite 20

„ZUTATEN"

Robiola di Mondovi,
Kuhmilchcamembert mit Kloazn,
Ziegenmilchkäse,
Ziegenmilchcamembert,
Fienoso,
Rosy,
Pecorino,
Pecorino di Fossa,
Golden Gel,
Marillenmostarda

ALS BEGLEITUNG:

Prosciutto di San Daniele,
Salami,
Artischocken,
Osttiroler Bauernbrot,
Olivenöl

EINZELNE „ETAPPEN"

Überraschen Sie sich und Ihre Gäste mit besonderen Delikatessen aus unserem Weinphilo-Sortiment. Die Reise entlang der „Käsestraße" beginnt mit einem Kuhmilchkäse mit Milchschimmel aus dem Piemont, dem Robiola di Mondovi, gefolgt von einem Kuhmilchcamembert, der mit Kloazn (getrockneten Birnen) veredelt wird. Im Anschluss schmeckt ein Ziegenmilchkäse, der in Wiesenblumen gelegt wird, und als letzter Weichkäse ein mit Edelbitterschokolade verfeinerter Ziegenmilchcamembert. Als Nächstes kommt erneut ein Käse aus Kuhmilch namens Fienoso, der in Alpenheu gelegt wird, und anschließend ein mit Rosenmuskatellerwein und -trester veredelter Ziegenmilchkäse namens Rosy. All diese Käse stammen aus Südtirol.
Es geht weiter mit den reifen Käsen: zunächst ein Pecorino aus Maremma und dann ein Pecorino di Fossa aus der Emilia Romagna. Zum Abschluss folgt noch ein Blauschimmelkäse, der mit Süßweintrester affiniert wird, der Golden Gel. Dazu passt eine Marillenmostarda.
Die Käsestraße wird abgerundet mit einem 24 Monate gereiften Prosciutto aus San Daniele, Salami aus der Emilia Romagna sowie Artischocken aus dem Latium.

ANRICHTEN

Platzieren Sie die verschiedenen Delikatessen großzügig und dekorativ auf einem langen Brett oder einer ausreichend großen Servierplatte. Dazu passt Osttiroler Bauernbrot, das mit Olivenöl serviert wird.

WEINTIPPS

Zu den Weichkäsen schmeckt ein leichter Verdicchio, zum Beispiel ein Le Vaglie aus den Marken (Azienda Santa Barbara), anschließend ein gut gereifter Rotwein, etwa der Pignolo aus Friaul von Ronco delle Betulle, und danach zum Blauschimmelkäse eine Trockenbeerenauslese von Petra Unger aus dem Kremstal.

MAISHENDL-SPIESS MIT TIROLER SPECK & TRAUBEN AUF TAGLIATELLE MIT PIKANTEM RAGOUT

Restaurant Alte Mühle, Seite 22

ZUTATEN FÜR 2 PERSONEN

2 Stück Maishendlbrust (alternativ 1 normale Hühnerbrust),
8 Weintrauben,
8 Scheiben Speck,
etwas Olivenöl,
Tagliatelle-Nudeln,

FÜR DAS TOMATENRAGOUT:

2 frische, reife Tomaten,
1/2 Zwiebel, klein geschnitten,
1/8 l Weißwein,
1/4 l Schlagobers,
1/8 l Rinds- oder Gemüsesuppe,
frische Kräuter wie Petersilie, Thymian und Zitronenmelisse,
Knoblauch,
etwas flüssiger Honig, Zitronenöl,
Salz und frisch gemahlener Pfeffer

HILFSMITTEL:

2 Holzspieße

ZUBEREITUNG

Maishendlbrust von Knochen und Haut trennen und anschließend jeweils in drei bis vier Stücke schneiden. Abwechselnd die Weintrauben, den Speck und die Maishendlstücke auf zwei Holzspieße stecken und etwas fester zusammenschieben. In eine Pfanne etwas Olivenöl gießen und jeden Spieß von allen Seiten gut anbraten.

REZEPTE

Links: Alte Mühle. Mitte: Kasnocken aus dem Matreier Tauernhaus. Rechts: Zweierlei von der Gebirgsbachforelle aus der Adler Lounge

In der Zwischenzeit einen großen Topf Salzwasser für die Tagliatelle-Nudeln aufstellen und diese al dente kochen. Für das Tomatenragout zunächst die Tomaten klein schneiden. In eine weitere Pfanne wieder Olivenöl gießen und die geschnittenen Zwiebeln und die Tomaten anschwitzen. Mit etwas Weißwein ablöschen und mit einem Schuss Rahm aufgießen. Danach die Suppe dazugießen und das Ragout auf kleiner Flamme einkochen lassen, bis es eine cremige Konsistenz hat. Für die Würze empfiehlt sich eine mediterrane Gewürzmischung aus Salz, Pfeffer, Knoblauch und den frischen Kräutern.

ANRICHTEN

Die gekochten Nudeln in das Tomaten-Kräuter-Ragout geben und gut durchmischen. Die Maishendl-Spieße vor dem Anrichten mit der Gewürzmischung leicht würzen und mit etwas Honig einstreichen. Die Nudeln auf den beiden Tellern anrichten, jeweils einen Spieß auf das Nudelnest legen und mit Zitronenöl oder ein wenig gutem Olivenöl verfeinern.

GETAURA KASNOCKEN AUF BLATTSPINAT

Matreier Tauernhaus, Seite 24

ZUTATEN FÜR 4 PERSONEN

FÜR DIE NOCKEN:

500 g Topfen (20 %), 100 g Weizengrieß, 2 Eier, 50 g würziger Käse (Parmesan oder Schnittkäse), gerieben, 100 g glattes Mehl, Würze, 1 Prise Majoran, Salz

FÜR DEN BLATTSPINAT:

50 g Zwiebeln, klein geschnitten, 1 Knoblauchzehe, Margarine oder Butter, 250 g Blattspinat, Salz

FÜR DIE GARNITUR:

frisch geriebener Käse, Butter

ZUBEREITUNG

Alle Nocken-Zutaten vermischen und zu einem halbfesten Teig verarbeiten. Mit einem Esslöffel Nockerl formen und in leicht kochendes Salzwasser geben. 15 Minuten kochen lassen. Zwiebeln und Knoblauchzehe klein hacken, in Margarine oder Butter anschwitzen. Den Spinat dazugeben, mit Salz würzen und nach 5 Minuten von der Herdplatte nehmen.

ANRICHTEN

Die Nockerl auf Blattspinat anrichten, mit frisch geriebenem Käse bestreuen und mit brauner Butter übergießen.

ZWEIERLEI VON DER GEBIRGSBACHFORELLE

Adler Lounge, Seite 26

ZUTATEN FÜR 4 PERSONEN

800 g Forellenfilet, fangfrisch und küchenfertig, Meersalz, schwarzer Pfeffer aus der Mühle, 1 unbehandelte Zitrone, Petersilie, frisch geschnitten, kaltgepresstes Olivenöl

ZUBEREITUNG

TATAR: 400 Gramm Forellenfilet auf der Hautseite vorsichtig längs, dann quer schneiden (Filethaut nicht beschädigen!). Das Filetende festhalten und waagerecht mit einem scharfen Messer von der Haut trennen. Das Tatar kräftig mit grobem Meersalz und Pfeffer würzen, mit Zitronenabrieb sowie Petersilie abschmecken und mit Olivenöl verfeinern.

FILET LAUWARM MARINIERT: Den Backofen auf 100 °C vorheizen. 400 Gramm Forellenfilets mit Olivenöl und Meersalz reichlich benetzen und mit schwarzem Pfeffer aus der Mühle würzen. Petersilie und Zitronenabrieb auf die Filets streuen und etwas andrücken. Die marinierten Forellenfilets auf Backpapier legen und bei 100 °C für 10 Minuten in den Ofen geben. Darauf achten, dass der Fisch nur lauwarm wird.

ANRICHTEN

Dazu passen ein aromatischer Kräutersalat und warmes Krustenbrot.

Regionales vom Feinsten (v. l.): Mohn-Nigelen und Osttiroler Schlipfkrapfen aus dem Gasthof Glocknerblick sowie Dölsacher Krapfen (r.)

MOHN-NIGELEN

Gasthof Glocknerblick, Seite 28

ZUTATEN FÜR 4 PERSONEN

300 g Weizenmehl, 100 g Brotmehl, 1 EL Zucker, 1/2 Würfel Germ (Hefe), 20 ml Milch, 50 g Butter, 1 Ei, 1 TL Salz, Butterschmalz oder Kokosfett zum Backen

FÜR DIE GARNITUR:

Mohn und Staubzucker, Butter

ZUBEREITUNG

Weizenmehl und Brotmehl vermischen. Zucker und Germ in lauwarmer Milch auflösen. Butter zerlassen, das Ei mit dem Salz einrühren, alles mit dem Mehl vermischen, gut durchkneten und gehen lassen. Rund 1,5 Zentimeter dicke Rollen formen und ebenfalls circa 1,5 Zentimeter große Teile abstechen. Nochmals gehen lassen und in Butterschmalz oder Kokosfett schwimmend backen.

ANRICHTEN

Die Nigelen mit heißer Milch übergießen, Mohn und Staubzucker im Verhältnis 1:1 vermischen und darüberstreuen. Mit brauner Butter verfeinern. Mohn-Nigelen schmecken als Hauptspeise ebenso gut wie als Dessert.

OSTTIROLER SCHLIPFKRAPFEN

Gasthof Glocknerblick, Seite 28

ZUTATEN FÜR 4 PERSONEN

Nudelteig, 80 g glattes Weizenmehl, 80 g Brotmehl, 80 g Roggenmehl, 1TL Salz, 1EL Sonnenblumenöl, 1 Eigelb, 120 ml Wasser

FÜR DIE FÜLLE:

750 g Kartoffel, 1 kleine Zwiebel, Salz, Pfeffer, Muskat, Knoblauch, Schnittlauch, Petersilie, Majoran, Liebstöckl

ZUBEREITUNG

Aus den angegebenen Zutaten einen Nudelteig herstellen, gut durchkneten und kurz rasten lassen. Für die Füllung die Kartoffeln mit der Schale kochen, abkühlen lassen und durch eine Kartoffelpresse drücken. Zwiebel klein schneiden, glasig anschwitzen, mit den restlichen Zutaten vermischen und abschmecken.

Den Nudelteig ausrollen und Kreise von 7 Zentimeter Durchmesser ausstechen. Einen gehäuften Esslöffel Kartoffelmasse auf jeden ausgestochenen Kreis geben, dann den Teig halbmondförmig zusammenklappen und Ränder zusammendrücken. Danach die Krapfen in Salzwasser kochen, bis sie schwimmen.

ANRICHTEN

Mit geriebenem Käse, brauner Butter und frischem Schnittlauch anrichten. Dazu grüner Salat und ein Glas Milch.

DÖLSACHER KRAPFEN

Gasthaus Marinelli, Seite 30

ZUTATEN FÜR 4 PERSONEN

FÜR DEN TEIG:

400 g Dinkelmehl, 250 ml lauwarmes Wasser, 1 Prise Salz, 1 EL Öl

FÜR DIE FÜLLE:

4 Boskop-Äpfel, 250 g gehackte Walnüsse, 4 cl Dölsacher Pregler (Apfel-Birnen-Zwetschken-Schnaps)

FÜR DIE GARNITUR:

Butter, Staubzucker

ZUBEREITUNG

Für den Teig alle Zutaten verkneten, danach 20 Minuten rasten lassen. Die Äpfel mit der Schale fein raspeln und mit den Nüssen und dem Pregler vermischen. Den gerasteten Teig etwa 4 bis 5 Millimeter dick ausrollen und daraus circa 6 Zentimeter große Scheiben ausstechen. Jede Teigscheibe mit einer Kugel der Fülle (etwa ein gehäufter Teelöffel) belegen. Danach die Krapfen zu Halbmonden zusammenklappen und den Rand zusammendrücken. In kochendem Salzwasser garen und abtropfen lassen.

ANRICHTEN

Die Krapfen mit brauner Bröselbutter beträufeln und zu guter Letzt mit Staubzucker bestreuen.

Wenn Menschenhand Naturgewalten bändigt: Talsperre am Großglockner (o.).
Am Fuße des Berges liegt das Alpendorf Heiligenblut (ganz rechts)

LAND DER TÄLER

Oberkärnten und Karnische Region

Vom Fuße des Großglockners, Österreichs höchstem Berg, im Norden bis zu den mächtigen Karawanken im Süden reicht die nächste und größte Region auf unserer kulinarischen Entdeckungsreise. Der Bezirk Spittal an der Drau übertrifft mit seiner Fläche von 2700 Quadratkilometern sogar jene des gesamten Bundeslandes Vorarlberg. Und so erwarten einen als Urlauber nicht nur zahlreiche Berggipfel zum „Raufwandern" im Sommer und zum „Runterfahren" im Winter, sondern auch viele zum Teil wildromantische Täler, die – wie es sich im Wasserreich Kärnten gehört – mit Vorliebe nach einem Fluss benannt sind: das Obere Drautal, das Mölltal, das Maltatal oder das Liesertal zum Beispiel. Zum Tal der Lieser gehören auch der Liesergraben, das Katschtal und das Pöllatal, ein traumhaft schönes Naturschutzgebiet, das von Rennweg am Katschberg entlang der Salzburger Grenze führt.

Die Lieser entspringt im hinteren Pöllatal, und wer möchte kann hier bei einer gemütlichen Wanderung mit der Familie seine Füße im frischen, klaren Wasser kühlen. Wem das zu viel an Erfrischung ist, dem sei Kärntens zweitgrößtes Gewässer, der Millstätter See, wärmstens ans Herz gelegt. Und wer noch ein wenig mehr Zeit zum Verweilen hat, sollte unbedingt einmal in den höchst gelegenen Badesee der Alpen, den Weißensee, eintauchen, der 2014 sogar als Naturpark des Jahres ausgezeichnet wurde. Auf welcher Seite des Sees man das tut, sollte man sich aber schon vor der Anreise überlegen: Den Weißensee kann man nämlich nur zu Fuß umwandern, eine Straße gibt es hier nicht. Vom Westufer aus gelangt man über das Gitschtal nach Hermagor – und damit ins Zentrum der Karnischen Region, einem echten Wanderparadies, in dem sich mit dem Nassfeld auch eine der Top-Ten-Skiregionen Österreichs befindet.

Und auch auf unserer Suche nach kulinarischen Besonderheiten werden wir in Oberkärnten fündig. Etwa im Oberen Mölltal, der Heimat des berühmten Glocknerlamms. Die zum

Nationalpark Hohe Tauern gehörende Region ist bekannt für ihre Almweiden hoch über der Baumgrenze, auf denen sich diese einzigartige Schafrasse ihr duftendes Kräuterfutter sucht. Die satten, grünen Hochalmen werden von Bergbauern bewirtschaftet, die sich durch die Vermarktung des Glocknerlamms seit einigen Jahren eine zusätzliche Einnahmequelle erschließen konnten. Mit der ARGE Glocknerlamm wurde sogar eine eigene Arbeitsgemeinschaft ins Leben gerufen, mit der Zielsetzung, diese regionale Spezialität europaweit zu vermarkten. Das Glocknerlamm gilt mittlerweile als Fixpunkt auf den Speisekarten vieler traditioneller Gasthöfe des Mölltals, das dank seiner Höhenlage und seinen saftigen Kräutern und Gräsern ganz allgemein für eine ausgezeichnete Fleischqualität bekannt ist. Und für ein sehr spezielles Klima: Die aufgrund der zahlreichen kleinen Taleinschnitte auch in den heißen Sommermonaten angenehm kühlen Nächte schaffen nämlich die idealen Voraussetzungen für die Reifung von Speck ganz besonderer Güte.

Das Speckmachen beherrscht man aber auch in der weiter südlich gelegenen Karnischen Region meisterhaft. Der Gailtaler Speck mit seinem markanten roten Fleisch und dem schneeweißen Fett ist fest im Biss und zergeht fast auf der Zunge. Er ist EU-weit geschützt, die Farbe der Plombe verrät, ob der Speck von bäuerlichen Familienbetrieben (grüne Plombe) oder von Fleischermeistern (rote Plombe) gefertigt wurde.

Zum kulinarischen Veranstaltungshighlight der Region hat sich das Gailtaler Speckfest entwickelt, zu dem alljährlich am ersten Juni-Wochenende Tausende Besucher aus ganz Kärnten und aus den Nachbarländern Italien und Slowenien in die Bezirkshauptstadt Hermagor strömen. Nicht zuletzt auch wegen des beinahe schon sündhaft deftigen Gailtaler Nationalgerichts, das dort traditionell serviert wird: Die „Frigga", eine herzhafte Mischung aus Speck, Eiern und Käse, wurde früher von Holzfällern in der Pfanne über offenem Feuer gebraten. Wirklich original ist die Frigga übrigens nur mit Gailtaler Almkäse. Denn neben der Herstellung von Speck hat in der Karnischen Region auch die Käseerzeugung eine lange Tradition. In den Almkäsereien wurde seinerzeit auf diese Art die frische Milch haltbar und lagerfähig gemacht. Und auch heute noch wird auf rund 14 Almen oberhalb des Gailtals der wunderbar g'schmackige Gailtaler Almkäse erzeugt.

Glitzerndes Schmelzwasser: Links und rechts der Hochalpenstraße in den Hohen Tauern stürzen immer wieder kleine Wasserfälle in die Tiefe

KÄRNTNER KÜCHE UND VIEL NATUR

Der Landgasthof Schwaiger im Nationalpark Hohe Tauern

Der Landgasthof von Andreas Schwaiger gilt als eine der besten kulinarischen Adressen auf der Kärntner Seite des Nationalparks Hohe Tauern. Umringt von über 240 Dreitausendern, bietet das Gasthaus vornehmlich bodenständige Kärntner Küche. Andreas Schwaiger und sein Küchenchef Roland Zeiner kochen ausschließlich mit Zutaten höchster Qualität und größtenteils aus heimischer Landwirtschaft. Ein Genuss sind vor allem die verschiedenen Wildspezialitäten wie das zarte Hirschkalbsragout, das mit Weißburgunder aufgegossen und mit Spätzle und Rotkraut serviert wird, ebenso das berühmte Mölltal-Lamm oder die Fischvariationen. Besonders g'schmackig: die in Bauernbutter gebratene Forelle. Den Fisch holt Andreas Schwaiger täglich frisch bei einem Fischzüchter in Mörtschach.

Der Landgasthof Schwaiger ist ein geschätzter Treffpunkt lokaler Feinschmecker wie auch ein bekanntes Ausflugsziel für Urlauber und Stammgäste aus dem gesamten Oberkärntner Raum. Besonderer Beliebtheit erfreut sich der Gasthof auch bei vielen italienischen Besuchern. Nicht nur wegen der hervorragenden Wildgerichte, sondern auch weil das Haus inmitten der Schwammerl-Region liegt. Außerdem kommen zahlreiche Wanderer – der Alpen-Adria-Trail führt über eine Brücke direkt hinter dem Haus – sowie ab Anfang Mai, mit der Öffnung der Großglockner-Hochalpenstraße, auch sehr viele Biker mit und ohne Pferdestärken. Die genießen dann vor allem die sonnige Terrasse, auf der Mitte Juli, quasi als sommerlicher Saisonhöhepunkt, ein musikalischer Dämmerschoppen stattfindet.

Wer etwas länger bleiben will: Die sieben Zimmer des Gasthofs sind sehr modern eingerichtet und stellen eine praktische Unterkunftsmöglichkeit dar, wenn man Urlaub im Herzen des Nationalparks macht. Der Mölltal-Radweg führt direkt am Haus vorbei, und auch die Skigebiete Heiligenblut/Großglockner, Mölltaler Gletscher und Zettersfeld sind nur wenige Fahrminuten entfernt.

Hirschkalbsragout
Dieses Rezept finden Sie auf Seite 58

LANDGASTHOF SCHWAIGER
Andreas Schwaiger
Mörtschach 35
A-9842 Mörtschach
Telefon 00 43 (0) 48 26 / 2 05
www.schwaigers-landgasthof.at

Café-Restaurant-Pizzeria
Dorfstüberl
Christian Lackner
Heiligenblut am Großglockner

DAS HERZ VON HEILIGENBLUT

Bei Marlies und Christian Lackner spielt sich das Dorfleben ab

Im Zentrum von Heiligenblut, gleich neben der Bergbahn, befindet sich das Café-Restaurant Dorfstüberl, ein kleines, sehr gemütliches Gasthaus, in dem man die einheimische Bevölkerung ebenso trifft wie Feriengäste aus aller Herren Länder, die hier nahe dem mächtigen Großglockner ihren Urlaub verbringen. Ob im Winter zum Après-Ski, in der warmen Jahreszeit vor dem Aufstieg auf den höchsten Gipfel der Ostalpen oder hinterher zur Siegesfeier: Bei Marlies und Christian Lackner spielt sich das Dorfleben von Heiligenblut ab.

Das Dorfstüberl ist Mitgliedsbetrieb der Kärntner Wirtshauskultur, und Gastfreundschaft wird bei den Wirtsleuten ebenso großgeschrieben wie beim Personal. Dorfstüberl-Wirt Christian Lackner ist ein hervorragender Koch und ein wahrer Meister, was die Zubereitung des in der Region beheimateten Glocknerlamms betrifft. Neben verschiedenen Lammvariationen bietet die kleine, jedoch umso kreativere Küche je nach Saison noch eine Vielzahl weiterer regionaler Schmankerln, dazu Kärntner Kasnudeln, Schweinsbraten, Rindfleischgerichte, aber auch italienische Spezialitäten. Bei den vielen internationalen Gästen sind der „Geschmorte Lammhaxn auf Almheu" und die köstlichen, hausgemachten Süßspeisen besonders beliebt.

Ein Veranstaltungstipp: Jedes Jahr Mitte September finden in Heiligenblut die Glocknerlamm-Tage mit dem Glocknerlamm-Fest statt. Dabei kann man eine Woche lang – unter anderem bei einer Genusswanderung mit Nationalpark-Rangern durch den Nationalpark Hohe Tauern – vielfältige Glocknerlamm-Schmankerln genießen.

Geschmorte Glocknerlammhaxe

Dieses Rezept finden Sie auf Seite 58

CAFÉ RESTAURANT DORFSTÜBERL
Christian und Marlies Lackner
Hof 4
A-9844 Heiligenblut
Telefon 00 43 (0) 48 24 / 20 19
dorfstueberl@gmx.at

SEITE FÜR SEITE EIN GENUSS

Der Seitenspeck im Bauernladen Walter

Sich mit Helmut und Katharina Walter über die Kunst des Speckmachens zu unterhalten ist ein wahrer Genuss. Gemeinsam führt das Ehepaar einen Hof in Obervellach im Mölltal samt dazugehörigem Bauernladen, der für so manche Speckliebhaber in- und außerhalb Kärntens als echte Pilgerstätte gilt. Und das nicht erst, seit der Seitenspeck von Helmut Walter im Frühjahr 2014 bei der Kärntner Speckprämierung mit Gold ausgezeichnet wurde.

Durch ein hübsches, altes Haustor gelangt man in den Vorraum des Bauernhauses und kann direkt in die Küche blicken, wo gerade ein Reindling aus der „Rein" (Form) gehoben oder Holzofenbrot gebacken wird. „Hier duftet`s noch so, wie früher zu Hause bei der Mama", hört man eine Besucherin sagen.

Dass der Speck so gut schmeckt, liegt zum einen an den kühlen Nächten und warmen Tagen im Mölltal, die die Reifung von Bauch- und Karreeteil in einem Stück ermöglichen. Und zum anderen an den Künsten von Helmut Walter. Die Schweine stammen aus Kärntner Zucht, werden ausschließlich auf Stroh gehalten und nur mit Getreide gefüttert. Das erkennt man am zarten Fleisch und dem rosafarbenen Fett, das fast wie Butter auf der Zunge zergeht.

Nach der Schlachtung wird das Fleisch mit einer frisch vermahlenen Gewürzmischung gepökelt. Die Pökelung erfolgt in großen Gefäßen, in denen die Speckseiten über vier bis sechs Wochen immer wieder gewendet werden. Danach wird der Speck kalt geräuchert und etwa ein halbes Jahr bei kühlen zwölf bis 14 Grad Celsius luftgetrocknet. Dabei verlieren die Seiten rund ein Drittel ihres Gewichts – und wiegen am Ende doch noch stolze elf bis zwölf Kilo. Vom einmaligen Geschmack des goldprämierten Specks kann man sich auch bei Verkostungen überzeugen – eine kleine Einführung in die Speck-Philosophie ist dabei inklusive. Ein absolutes Erlebnis!

Speckknödel

Dieses Rezept finden Sie auf Seite 58

BAUERNLADEN WALTER
Helmut und Katharina Walter
Räuflach 6
A-9821 Obervellach
Telefon 00 43 (0) 47 82 / 20 28
www.bauernladen-walter.at

Gasthof zur

VON DER GUTEN ALTEN ZEIT

Im Gasthof Post erwarten Sie nicht nur kulinarische Genüsse

Schwårzbeer-Variationen

Dieses Rezept finden Sie auf Seite 59

Wenn das stolze, alte Gebäude reden könnte, es hätte wahrlich eine Vielzahl an Geschichten zu erzählen. Die jüngste darunter wäre die von Elisabeth Heiß, die seit Kurzem die Geschicke des Gasthofs Post leitet – und das als erste Frau, seit ihre Familie im Jahr 1705 die spätere K.-u.-k.-Poststation als „Tafern am Rennweg“ erworben hat. Um einiges älter ist da schon die Sage vom Schimmelgeist, seines Zeichens ein ehemaliger Postmeister, der hier einen Schatz versteckt haben und nach seinem Ableben als weißer Hengst erschienen sein soll. Der Schatz wurde zwar nie gefunden, dafür gibt es viele andere Kostbarkeiten zu entdecken: Handwerksgeräte aus vergangenen Jahrhunderten etwa oder eine Softeismaschine aus Großmutters Zeiten, mit der sich immer noch ein herrlich cremiges Eis herstellen lässt und derentwegen auch heute viele Kinder nach der Schule vorbeischauen. In der Gaststube hängen Briefmarken mit Porträts der alten Habsburger, und einer der Vorfahren, Josef Heiß, soll im Jahr 1839 seiner späteren Frau Constanze einen Brief gesandt haben – frankiert mit der vermutlich ersten Marke der Welt.

Neben viel Tradition bietet der Gasthof sehr schöne Zimmer und Appartements sowie eine hervorragende Küche. Auch hier sind es Frauen, die den Ton angeben: Karoline Ramsbacher und Tanja Pirker verfeinern alte Rezepte mit neuen Ideen, und wenn Seniorchef Josef Heiß beim Angeln oder auf der Pirsch erfolgreich war, landet auch so manche Forelle oder ein frisches Stück Wild aus der Eigenjagd in der Pfanne. Nicht bei der Jagd, aber beim Kochen wird auch über die Landesgrenzen geschaut: Die Post ist auch bekannt für ihre Lungauer Küche. Die Kasknödelsuppe etwa sollte man unbedingt probieren. Und natürlich die berühmte Cremeschnitte, die von Elisabeth Heiß nur am Wochenende zubereitet wird – und deren Rezept sie auch auf mehrmaliges Nachfragen leider nicht verrät.

GASTHOF POST
Familie Heiß
Rennweg 5
A-9863 Rennweg am Katschberg
Telefon 00 43 (0) 47 34 / 2 04
www. gasthofpost-rennweg.at

Gösser

GENUSSURLAUB AM BAUERNHOF

In Treffling gibt's die besten Steaks weit und breit

Kärntner Hüftsteak aus dem Smoker-Grill
Dieses Rezept finden Sie auf Seite 59

Vermutlich hatten sich die Kochkünste des Wirtes in Treffling schon seinerzeit unter den Rittern der benachbarten Burg Sommeregg herumgesprochen. Geschichtliche Aufzeichnungen legen jedenfalls nahe, dass hier oberhalb des Millstätter Sees, dem zweitgrößten Gewässer Kärntens, schon seit 800 Jahren eine Land- und Gastwirtschaft betrieben wird. Ab 1628 ist dies belegt, und seit dem Jahr 1914 befindet sich der Hof im Besitz der Familie von Kurt Oberlerchner, der heute mit seiner Frau Karin die Landwirtschaft samt Gasthaus führt. Kurt Oberlerchner ist aber auch als erfolgreicher Viehzüchter bekannt. Auf den Weiden grasen Angus-Rinder und Duroc–Schweine – das ganze Jahr übrigens im Freien, im Winter steht ein wärmender Unterstand bereit. Dadurch bleiben die Tiere gesund und die kräftigen Steaks reich an Geschmack und arm an Cholesterin. Überzeugen kann man sich davon zum Beispiel beim Grillabend jeden Donnerstag auf der neu gestalteten Terrasse. Neben Steaks vom Angus-Rind landet auch so manche fangfrische Forelle auf dem Rost. Außerdem wird feines, knuspriges Spanferkel serviert.

Die 40 gemütlichen Gästezimmer bieten sich an, um eine der schönsten Urlaubsregionen Kärntens zu erwandern oder auch per Kutsche hinter einem sogenannten Shire-Horse-Gespann zu erkunden. Die Shire Horses gelten als die weltgrößte Pferderasse und Kurt Oberlerchner als deren bekanntester Züchter in Österreich. Es stehen stilechte römische Streitwägen und eine original K.-u.-k.-Postkutsche im Stall, mit denen Kurt Oberlerchner mehrmals im Jahr durch ganz Europa tourt. Ein Tipp noch für alle, die ihre Hochzeitsfeier planen: Beim Trefflingerwirt gibt es nicht nur Platz für die ganze Familie, sondern auch eine traumhafte Hochzeitskutsche, die den schönsten Tag im Leben noch ein bisschen unvergesslicher werden lässt.

GASTHOF TREFFLINGERWIRT
Familie Oberlerchner
Treffling 40
A-9871 Seeboden
Telefon 00 43 (0) 47 62 / 8 11 28
www.carinthian-shire-horse.at

GENUSS WIE ANNO DAZUMAL

In St. Peter in Holz steht ein wunderbar uriges Landgasthaus

Ulla und Walter Buschta – sie aus Bayern, er gebürtiger Niederösterreicher – haben im kleinen Örtchen St. Peter in Holz bei Spittal ein originales Wirtshaus alten Stils wiedereröffnet. Wer echtes, uriges Gasthausambiente bei höchster kulinarischer Qualität genießen will, dem ist der Landgasthof Gritschacher aus ganzem Herzen zu empfehlen.

Walter Buschta, ausgebildeter Koch und Gastronom, war früher als Inhaber eines Münchner Unternehmens auf Gebäude-Revitalisierungen spezialisiert, als er im Jahr 2010 eher zufällig auf den stillgelegten Gasthof – einst Teil der berühmten Gritschacher Nudelfabrik – aufmerksam wurde. „Der erste Termin mit dem Makler hatte nicht geklappt. Durch die Fenster konnte ich jedoch einen Blick in die alten Wirtsstuben werfen und wusste sofort: Das ist es!“ Ähnlich erging es seiner Frau Ulla, die sich augenblicklich in das vier Jahrhunderte alte Gebäude verliebte. Noch im Jahr 2010 wurde der Gasthof wiedereröffnet – und seit 2012 rangiert der „neue Gritschacher“ alljährlich unter den Top 3 der Kärntner Genusswirte.

Bemerkenswert dabei, dass sich der Niederösterreicher Buschta vor allem mit seinen g'schmackigen Kärntner Nudel-Variationen in die Herzen seiner Stammkundschaft gekocht hat. Ebenso zu empfehlen: das Weißensee-Karpfenfilet, die Seeforelle und das berühmte Glocknerlamm. Wie dieses stammen übrigens alle im Landgasthof Gritschacher verarbeiteten Zutaten ausschließlich aus den österreichischen Genussregionen oder von Bauern aus der unmittelbaren Umgebung.

Das schmeckt man, und dafür nehmen echte Gritschacher-Fans klaglos weite Anreisen auf sich – aus ganz Kärnten, aus Salzburg oder sogar aus Friaul und Kroatien. Und es soll auch so manchen Urlauber geben, der seine Reiseroute extra durch St. Peter in Holz legt – um zumindest einmal beim Gritschacher speisen und nächtigen zu können.

Kletzen-Powidl-Nudeln in Zirben-Honig-Schaum (u.)

Dieses Rezept finden Sie auf Seite 60

LANDGASTHOF GRITSCHACHER
Ulla und Walter Buschta
St. Peter in Holz 7
A-9811 Lendorf
Telefon 00 43 (0) 47 62 / 21 24
www.gasthof-gritschacher.at

EIN KRÄUTLEIN FÜR ALLE FÄLLE

Bei Rosmarie gibt's wohltuende Kräuter für Körper und Seele

„Man soll mit den Pflanzen nicht nur sprechen, man muss ihnen auch zuhören", sagt Rosmarie Kranabetter. Gemeinsam mit ihrem Mann Sepp betreibt sie im Natur- und Kräuterdorf Irschen einen Bergbauernhof, auf dessen sonnigen Hängen in der würzigen Bergluft eine bunte Vielfalt an Kräutern reift. „Viele Leute, die zu uns kommen, weil sie von unserem schönen Fleckerl Erde gehört haben, sind begeistert." Eine Begeisterung, von der auch Rosmarie Kranabetter beseelt ist. Im Jahr 2001 hat sie ihren mittlerweile berühmten Garten angelegt. Heute beträgt die stattliche Anbaufläche über 1000 Quadratmeter. Dazu gehören auch ein Schaugarten mit 70 Gewürz-, Heil- und Giftkräutern, die bei Seminaren verwendet werden, und ein eigener kleiner Küchenkräutergarten direkt vor dem Bauernhaus.

In dem auf 1130 Metern gelegenen Hof duftet es das ganze Jahr über nach Kräutern. Nach dem vorsichtigen Abzupfen der Blätter werden diese auf in Holzrahmen gespannten Leinentüchern, den sogenannten Darren, getrocknet. Dabei achtet man darauf, dass die Seelchen der Kräuter nicht verletzt werden. Die getrockneten, verpackten Kräuter gibt's dann erstmals beim traditionellen Irschner Kräuterfestival am ersten Juli-Wochenende. Und auch im kleinen Laden direkt am Hof kann man feine Kräutertees und Kräutersalze – wie die mit frischen Blumenblättern veredelte „Valentina" – erwerben. Ebenso Kräutersirupe, Kräuterkissen und diverse Räucherwaren.

Rosmaries heilbringende Kräuter sind inzwischen in Wiener Gourmetshops ebenso zu finden wie in Luxushotels am Arlberg. Rosmarie Kranabetter selbst ist jedoch jahraus, jahrein in ihrem Kräutergarten anzutreffen. „Das ist einfach meine Welt", sagt sie. Eine Welt, die jeder Kräuterliebhaber unbedingt einmal gesehen haben sollte!

Wildkräuterspätzle
Dieses Rezept finden Sie auf Seite 60

ROSMARIE'S KRÄUTERGARTEN
Rosmarie und Sepp Kranabetter
Griebitsch 2
A-9773 Irschen
Telefon 00 43 (0) 47 10 / 31 69
rosmaries.kraeutergarten@aon.at

DAS KÄRNTNER WIRTSHAUS

In der Pfeffermühle schmeckt man die Alpen und die Nähe zu Italien

Das Obere Gailtal gehört zu den klimatisch und kulinarisch bevorzugten Regionen Kärntens. Der Einfluss der Tiroler Küche ist hier ebenso spürbar wie jener der nahen „Cucina Italiana". Und zu den Wirtshäusern, die diese Geschmacksvielfalt in bester Kärntner Tradition vereinen, zählt die Pfeffermühle in Kötschach-Mauthen. Im Sommer ist der große Gastgarten, hinter dem der Radweg entlang der Gail vorbeiführt, ein Treffpunkt für Einheimische und Urlauber. Bis in den September hinein, wenn die Teilnehmer der European Bike Week mit ihren Motorrädern das ganze Land erkunden: Die Pfeffermühle liegt am Fuße des Plöckenpasses – ideal, um sich hier bei einem Ausflug nach Italien oder Osttirol zu stärken.

Monika Thurner, die ehemalige Inhaberin, hat sich weit über das Gailtal hinaus einen Namen gemacht. Sie gilt als Gründerin des Kötschacher „Käsefestivals" und wurde sogar zur Kärntner „Wirtin des Jahres" gewählt. Und sie steht immer noch in der Küche der Pfeffermühle – die sie 2011 freilich an ihre Tochter Yvonne übergeben hat. Ebenso wie ihr Erfolgsrezept: Produkte und Zutaten von Bauern aus der Umgebung sowie Hausmannskost, die hier, ob der besonderen Lage, auch ganz besonders schmeckt. „Vor allem deutsche Gäste kehren auf dem Weg nach Italien gerne bei uns ein", so Yvonne Thurner. „Weil sie hier noch einmal eine richtige alpenländische Küche bekommen." Besonders beliebt: so Herzhaftes wie Kasspatzn, Tiroler Gröstl oder die Speck- und Kasknödl.

Auch der Kaffee, der hier serviert wird, stammt aus nächster Nachbarschaft: „Von der Privatrösterei San Giusto, die von meinem Bruder und meinem Vater betrieben wird", sagt Yvonne Thurner nicht ohne Stolz. Denn schließlich ist die kleine, feine Kaffeespezialität ebenfalls auf dem besten Weg, sich – wie die Pfeffermühle – weit über das Gailtal hinaus einen Namen zu machen.

PFEFFERMÜHLE
Yvonne Thurner
Kötschach 331
A-9640 Kötschach-Mauthen
Telefon 00 43 (0) 47 15 / 5 60
www.pfeffermueble.com

Gasthof

„NUDL KUDL MUDL" IM GAILTAL

Ingeborg Daberer kochte 2014 sogar bei Olympia auf

Polentanudeln
Dieses Rezept finden Sie auf Seite 60

Kärntner Nudeln sind Ingeborg Daberers Parade-Disziplin! Im Februar 2014 schaffte es die Gailtaler Genusswirtin damit sogar in den rot-weiß-roten „Kader" für die Olympischen Spiele in Sotchi und durfte Journalisten, Besucher und Athleten im Österreich-Haus mit der berühmten Kärntner Spezialität verwöhnen.

Zu Hause in St. Daniel bei Dellach führt sie mit ihrer Schwester Gudrun den auf ursprüngliche, regionale Küche spezialisierten Gasthof Grünwald. Im Jahr 2000 haben die beiden das erste „Nudl Kudl Mudl" veranstaltet. Damals nur über ein Wochenende, heute erstreckt sich das kulinarische Genuss-Event über den gesamten Monat Oktober. Gezählte 38 hausgemachte Nudelsorten waren dabei im Vorjahr auf der Speisekarte zu finden – von klassischen Kas- und Erdäpfelnudeln über Rindfleisch-Koriander-Nudeln bis hin zu exotischen Asia-Nudeln. Die Zutaten wie Topfen, Butter, Erdäpfel und Kräuter stammen ebenso wie das Fleisch aus der eigenen Biolandwirtschaft. Was nicht selbst produziert wird, kaufen Ingeborg und Gudrun Daberer vorwiegend von heimischen Bauern zu. Der Teig für die Nudeln wird ohne Eier, nur mit Wasser, Öl und Salz gefertigt. „Das machen wir schon immer so, aber es passt natürlich auch zur Zeit", so Ingeborg Daberer. „Mit Erdäpfelfülle und Olivenöl anstelle zerlassener Butter sind unsere Nudeln daher auch fur Veganer geeignet."

Der Gasthof Grünwald – Oswald Grünwald hatte das ehemalige Messnerhaus der Pfarre St. Daniel im Jahr 1786 erworben – blickt auf eine lange Geschichte zurück und ist fest im Dorfleben der kleinen Gailtaler Gemeinde verankert. Jeden Sonntag nach der Messe wird am Stammtisch Karten gespielt, und von Juni bis Anfang September kommen auch alle Filmfreunde auf ihre Kosten: wenn im stimmungsvollen Innenhof zum abendlichen Sommerkino unter freiem Himmel geladen wird.

GASTHOF GRÜNWALD
Ingeborg und Gudrun Daberer
St. Daniel 17
A-9635 Dellach/Gail
Telefon 00 43 (0) 47 18 / 6 77
www.gruenwald.dellach.at

REZEPTE

Herzhafte Spezialitäten aus der Region: Hirschkalbsragout (l.), Geschmorte Glocknerlammhaxe (M.) und Speckknödel (r.)

HIRSCHKALBSRAGOUT

Landgasthof Schwaiger, Seite 40

ZUTATEN FÜR 3 BIS 4 PERSONEN

1 kg Schulter vom Kalb, Olivenöl, 2 Zwiebeln, 3 Bund Bärlauch, Weißburgunder, 4 Tomaten, gewürfelt, getrocknete Steinpilze, Wildfond, 1 Knoblauchzehe, Salz und Pfeffer

ZUBEREITUNG

Das Wildbret in circa 1 bis 2 Zentimeter große Würfel schneiden. In zwei Tranchen in reichlich Olivenöl anbraten. Die gewürfelten Zwiebeln und den Bärlauch in Olivenöl anrösten. Mit Weißwein aufgießen. Die Tomatenwürfel beigeben. Die eingeweichten Steinpilze hinzufügen. Mit Wildfond aufgießen, die Knoblauchzehe reinpressen und bei kleiner Flamme köcheln lassen. Nach circa 40 Minuten die gebratenen Hirschkalbswürfel dazugeben und weitere 40 Minuten bei kleiner Flamme köcheln lassen. Mit Salz und Pfeffer würzen. Falls das Ragout zu dick werden sollte, immer etwas Flüssigkeit nachgießen. Am besten mit Spätzle und Rotkraut servieren.

TIPP

Junges Fleisch zerkocht nicht, wenn Sie Folgendes beachten: einfach zuerst die Grundsauce fertigstellen und erst danach das Hirschkalbsfleisch anbraten und unter die Grundsauce mengen. Etwa 30 bis 40 Minuten mitköcheln lassen. So erhalten Sie ein perfektes, zartes Hirschkalbsragout.

GESCHMORTE GLOCKNERLAMMHAXE

Café Restaurant Dorfstüberl, Seite 42

ZUTATEN FÜR 4 PERSONEN

4 Lammhaxen (Glocknerlamm), Senf, Majoran, Thymian, Knoblauchzehen, Olivenöl, Karotten und Sellerie, geschält, Porree, Zwiebel, 1 EL Tomatenmark, 1/8 l Rotwein, Almheu, Salz und Pfeffer

ZUBEREITUNG

Die Lammhaxen mit etwas Senf und den Gewürzen marinieren und 2 bis 3 Stunden im Kühlschrank ziehen lassen. Dann die Haxen in Öl leicht anbraten, herausnehmen, das Wurzelwerk mit dem Tomatenmark anrösten und mit Rotwein ablöschen. Mit Rindsuppe oder Lammfond auffüllen. Im vorgeheizten Backrohr oder bei Heißluft bei 180 °C schmoren lassen, dabei die Haxen immer wieder übergießen. Nach etwa 45 Minuten das Almheu auf ein Blech geben, mit Wasser begießen und 10 Minuten mitschmoren lassen. Das Almheu unter die Lammhaxe geben.

ANRICHTEN

Die Lammhaxe mit Wurzelwerk und Sauce anrichten. Als Beilage passen dazu gebratene Polentascheiben, Bratkartoffel oder Röstkartoffel sowie Speckbohnen, Kürbisgemüse (im Herbst) und natürlich frische Kräuter und Preiselbeeren.

SPECKKNÖDEL

Bauernladen Walter, Seite 44

ZUTATEN FÜR 6–8 PERSONEN

1 kg Knödelbrot, 1 Zwiebel, fein gewürfelt, ca. 100 g Liebstöckel und Petersilie, fein gehackt, 3/4 l Milch, 8 Eier, 500 g Speckwürfel, 3 EL glattes Mehl, Salz und Pfeffer

ZUBEREITUNG

Das Knödelbrot in eine große Schüssel geben. Zwiebel schälen, feinwürfelig schneiden und die Kräuter fein hacken. Milch, Eier und Salz verrühren und über das Knödelbrot verteilen. Die Speckwürfel in einer Pfanne langsam anrösten. Das dabei entstandene flüssige Fett abgießen und anschließend die Speckwürfel zur Masse geben. In derselben Pfanne Zwiebel und Kräuter anschwitzen und ebenfalls dazugeben, gut durchmischen und die Masse kurz ziehen lassen. Zuletzt das Mehl daruntermengen. Nun mit nassen Händen die Knödel formen und circa 12 Minuten in Salzwasser kochen lassen.

Die Schwårzbeer-Variationen (l.) werden im Gasthof Post (M.) aufgetischt, das Kärntner Hüftsteak mit Mangold (r.) beim Trefflingerwirt

SCHWÅRZBEER-VARIATIONEN

Gasthof Post Rennweg, Seite 46

1. SCHWÅRZBEER-STANITZEL

ZUTATEN FÜR CA. 6 PORTIONEN

1 Ei, 1 „Ei-schwer" Staubzucker, 1„Ei-schwer" Mehl, 3/4 l Schlagobers, ca. 100 g Schwårzbeeren (Heidelbeeren), 1 TL Zitronensaft, 2 EL Staubzucker, 2 Blatt Gelatine

ZUBEREITUNG

Das Backrohr auf 180 °C vorheizen. Ei und Zucker schaumig schlagen. Mehl unterheben. Auf ein eingefettetes und bemehltes Backblech mit einem Esslöffel dünne Kreise aufstreichen. Den Teig im Backrohr circa 7 bis 8 Minuten goldgelb backen. Sofort mit einer Palette vom Blech lösen und zu Stanitzel formen. Für die Fülle das Schlagobers steif schlagen. Schwårzbeeren mit Zitronensaft und Zucker mit einem Stabmixer pürieren. Die aufgelöste Gelatine mit dem Fruchtpüree vermengen und Schlagobers unterheben, in einen Spritzsack geben, die Stanitzel damit befüllen. Tipp: Backen Sie nur jeweils zwei Stanitzel gleichzeitig, da sie sich sonst nicht mehr formen lassen!

2. HALBGEFRORENES

ZUTATEN FÜR CA. 10 DARIOLFORMEN

2 Eier, 1 Dotter, 1 TL Vanillezucker, 60 g Kristallzucker, ca. 100 g Fruchtpüree von der Schwårzbeere, 0,3 l Schlagobers

ZUBEREITUNG

Eier, Dotter, Vanillezucker und Kristallzucker über Dampf mit Schneebesen schaumig schlagen, anschließend kalt schlagen. Fruchtpüree unterziehen. Kaltes Obers cremig-steif schlagen, unter die Masse rühren. In Dariolformen über Nacht im Tiefkühlfach frieren.

3. SCHICHTDESSERT

ZUTATEN FÜR CA. 10 KL. SCHÜSSELN

200 ml Wasser, 170 g Zucker, 200 g Schwårzbeeren, Maizena, 1/4 l Milch, 1/4 kg feiner Speisetopfen, 20 g Vanillepuddingpulver, 1/4 l Obers, Biskotten

ZUBEREITUNG

LÄUTERZUCKER: 1/8 Liter Wasser und 125 Gramm Zucker circa 10 Minuten kochen und auskühlen lassen.

SCHWÅRZBEER-RAGOUT: Die Schwårzbeeren mit 2 Esslöffel Zucker und 1/16 Liter Wasser aufkochen, mit etwas Maizena eindicken und auskühlen lassen.

TOPFEN-VANILLE-CREME: Die Milch mit 20 Gramm Zucker und 20 Gramm Vanillepuddingpulver zu einem Pudding verarbeiten und kühl stellen. Den Speisetopfen mit Pudding verrühren und das steif geschlagene Obers unterheben. Nach Bedarf zuckern.

Zum Schluss die Biskotten in Läuterzucker tränken und in einer kleinen Schüssel mit dem Schwårzbeer-Ragout und der Topfen-Vanille-Creme schichten.

KÄRNTNER HÜFTSTEAK AUS DEM SMOKER-GRILL MIT KARTOFFELWEDGES UND MANGOLD

Gasthof Trefflingerwirt, Seite 48

ZUTATEN FÜR 1 PERSON

1 Hüftsteak vom Freiland-Angus,
3–4 Kartoffeln,
3–4 Blatt Mangold,
Butter, Öl,
Salz und Pfeffer aus der Mühle

ZUBEREITUNG

Das Steak circa 30 Minuten vorher zum Temperieren aus dem Kühlschrank nehmen und erst 5 Minuten vor Garbeginn salzen. Im vorgeheizten Smoker-Grill, nahe der Feuerstelle, circa 2 Minuten rasant bräunend anbraten. Mit einer Grillzange oder Winkelpalette wenden und weitere 2 Minuten braten. Steak beidseitig mit frisch gemahlenem Pfeffer bestreuen und abseits der Feuerstelle ungefähr 10 Minuten rasten lassen. Auf einem vorgewärmten Teller anrichten und mit zerlassener Butter beträufeln.

BEILAGEN: Frische Kartoffeln mit der Schale in Spalten schneiden. In Öl bei circa 150 °C vorfrittieren und erst kurz vor dem Anrichten nochmals bei 180 °C fertig frittieren. Vor dem Anrichten salzen. Mangoldblätter kurz in Öl frittieren und am Teller leicht salzen.

REZEPTE

Süßes und Deftiges aus der Region: Kletzen-Powidl-Nudeln in Zirben-Honig-Schaum (.), Wildkräuterspätzle (M.) und Polentanudeln (r.)

KLETZEN-POWIDL-NUDELN IN ZIRBEN-HONIG-SCHAUM

Landgasthof Gritschacher, Seite 50

ZUTATEN FÜR 8 PERSONEN

FÜR DIE FÜLLE:

200 g Kletzen (Trockenbirnen), 50 g Trockenmarillen (Trockenaprikosen), 50 g Trockenzwetschken, 20 g Rosinen, 2 EL Powidl (Pflaumenmus), 50 g Haselnüsse, gerieben

FÜR DEN TEIG:

400 g Nudelmehl (doppelgriffiges Mehl), 1 Ei, Salz, 200 ml warmes Wasser

FÜR DEN SCHAUM:

1 Ei, 1 EL Zucker, 20 ml Zirben-Honig-Likör, 1/16 l Dessertwein

ZUBEREITUNG

Für die Fülle die Kletzen weich kochen, alle Früchte klein hacken, mit Powidl und Haselnüssen zu einer homogenen Masse verrühren und zu Kugeln formen.

Alle Zutaten für den Teig gut durchkneten und das Ganze über Nacht rasten lassen. Am nächsten Tag den Teig dünn ausrollen und circa zehn große Kreise ausstechen (Tipp: ein Glas oder eine Tasse eignen sich als Hilfsmittel). Dann die Fülle darauflegen, zusammenklappen, die Ränder andrücken und krendeln (die gefüllten Nudeln verschließen). Die fertig gekrendelten Nudeln in kochendem Salzwasser so lange kochen, bis diese an der Oberfläche schwimmen (Kochdauer: circa 10 Minuten).

Für den Zirben-Honig-Schaum ein ganzes Ei mit Zucker sowie Zirben-Honig-Likör über Dampf schaumig schlagen und nach und nach den Dessertwein hinzufügen.

ANRICHTEN

Die Nudeln aus dem Wasser nehmen, abtropfen lassen, auf dem Zirben-Honig-Schaum anrichten und mit etwas Zucker und Zimt bestreuen.

WILDKRÄUTERSPÄTZLE

Rosmarie's Kräutergarten, Seite 52

ZUTATEN FÜR 4 PERSONEN

250 g glattes Weizenmehl, 2 EL Grieß, 1 Ei, 250 ml Wasser, Salz, 1 Tasse Wildkräuter (Giersch, Löwenzahn, Brennnessel, Taubnessel, Vogelmiere)

ZUBEREITUNG

Mit Ausnahme der Kräuter alle Zutaten zu einem Spätzleteig verrühren, kurz rasten lassen und mit dem Spätzlesieb in kochendes Salzwasser drücken. Das Ganze kurz aufkochen lassen, bis die Spätzle schwimmen. Danach abseihen und mit kaltem Wasser abschrecken. Butter in der Pfanne zergehen lassen, Spätzle darin schwenken und mit den frischen, gehackten Kräutern bestreuen. Mit Kräutersalz würzen und mit grünem Salat servieren.

POLENTANUDELN

Restaurant Grünwald, Seite 56

ZUTATEN 4 PERSONEN

100 g Speck, in Würfel geschnitten, 50 g Zwiebeln, gehackt, 50 g Butter, 1 l Wasser, 2 Knoblauchzehen, 500 g Polenta, 100 g Almkäse, gerieben, Salz und frisch gemahlener Pfeffer

FÜR DEN NUDELTEIG:

500 g glattes Mehl, 1 Prise Salz, 3 EL Öl, 1/4 l Wasser

ZUBEREITUNG

Gewürfelten Speck und gehackte Zwiebeln in Butter anschwitzen und danach mit dem Wasser ablöschen. Mit Salz, Pfeffer und Knoblauch würzen. Polenta in kochendes Wasser einrühren und auf niedriger Stufe circa eine halbe Stunde ziehen lassen. Wenn die Masse ausgekühlt ist, den geriebenen Almkäse daruntermischen.

Für den Nudelteig Zutaten mischen und zu einem Teig kneten. Daraus 3 Teigkugeln formen, in Klarsichtfolie wickeln und eine halbe Stunde rasten lassen. Den Teig circa 3 Millimeter dick ausrollen und mit einer Tasse Kreise von etwa 9 Zentimeter Durchmesser ausstechen. Mit der Fülle bestreichen, zusammenklappen und krendeln.

Im kochenden Wasser circa 5 bis 7 Minuten leicht köcheln lassen, bis die Polentanudeln an der Oberfläche schwimmen. Aus dem Wasser nehmen, mit geriebenen Almkäse bestreuen und mit brauner Butter servieren.

Natur pur: Blick von der Großglockner-Hochalpenstraße auf die einzigartige Gebirgswelt Oberkärntens

Pittoreske Seenlandschaft: Westlich des großen Wörthersees (mit der Ortschaft Maria Wörth o.) liegt der türkisblaue Faaker See (r.)

LAND DER SEEN

Vom Klagenfurter Becken bis zu den Karawanken

Kärnten ist so reich an Wasser wie kein anderes Bundesland in Österreich. Genährt von den zahlreichen Berggipfeln des Landes und aus unterirdischen Quellen, tritt in Kärnten praktisch überall reines Trinkwasser zutage. Mehr als 1270 Gewässer zählt man im sonnenverwöhnten Süden der Alpenrepublik, darunter etwa 200 Badeseen. Einige der bekanntesten davon liegen im Gebiet des Klagenfurter Beckens bis hinunter zu den Karawanken: der Ossiacher See, der Faaker See, der Klopeiner See und natürlich der Wörthersee, von einigen – ein wenig despektierlich – die „schönste Badewanne Österreichs" genannt. Wegen seiner klimatisch begünstigten Lage gilt der Wörthersee als eines der wärmsten Gewässer der Alpen. Zu Berühmtheit gelangt ist der größte See Kärntens aber auch als Kulisse zahlreicher Kinofilme und Fernsehserien. Grund dafür sind wohl nicht nur die vielen Sonnentage, die sich angesichts kürzerer Drehdauer positiv auf so manches Produktionsbudget auswirken, sondern vor allem die traumhafte Landschaft der beliebten Urlaubsregion. Davon, dass die Filmemacher bei der Wahl ihres Drehortes ein gutes Händchen hatten, kann man sich bei einer Wanderung oder Radtour entlang des Sees überzeugen. Oder ganz bequem vom beinahe 100 Meter hohen, architektonisch beeindruckenden Holzaussichtsturm auf dem Pyramidenkogel, der als der weltweit größte seiner Art gilt. Eine echte Zeitreise erlebt man bei einer Fahrt mit dem über 100 Jahre alten Dampfschiff „Thalia". Die Wörthersee-Architektur mit ihren prachtvollen Villen prägt das Uferbild und hat nicht nur viele Prominente der Neuzeit an den See gelockt, sondern auch schon früher so manch berühmten Maler, Literaten oder Komponisten – wie etwa Gustav Mahler, Alban Berg oder Johannes Brahms – inspiriert.

Auch die Seenregion Villach verwöhnt jeden Sommer unzählige Urlaubshungrige mit einer Vielzahl an Sonnenstunden und einer atemberaubend schönen Natur. Das türkisblaue Wasser des Faaker Sees, die beschaulichen Ufer des Ossiacher Sees mit der Burgruine Landskron und dem ehemaligen Benediktinerstift Ossiach sowie viele weitere Gewässer laden zu einem Sprung ins erfrischende Nass. Darüber hinaus finden Naturliebhaber im Naturpark Dobratsch gleich mehrere Klimazonen und einen außergewöhnlichen Reichtum an Tier- und Pflanzenarten. Die Region ist aber auch Schauplatz vieler kulinarischer Feste. Das Feiern hat hier Tradition. Und die bedeutendste Feier von allen, der Villacher Kirchtag, ist mit einer knappen halben Million Besuchern in einer Woche sogar das größte Brauchtumsfest Österreichs. Zudem gilt die Drau-Stadt als „Faschingshauptstadt", die sich nicht nur in dieser närrischen „fünften" Jahreszeit einen nicht ganz so ernst gemeinten Wettkampf mit dem am Ostufer des Wörthersees gelegenen Klagenfurt liefert. Hier wiederum, in der südlichsten Landeshauptstadt Österreichs, finden speziell im Sommer international bedeutende Sportveranstaltungen statt – der Kärntner Ironman etwa oder das Beach-Volleyball Grand-Slam-Turnier. Klagenfurt ist aber auch eine Stadt der Kultur und unter anderem Schauplatz des wichtigsten Literaturwettbewerbs des gesamten deutschsprachigen Raums: dem Ingeborg-Bachmann-Preis.

Weiter südlich, entlang der Drau, verläuft das wildromantische Rosental, wo sich in und um die Kleinstadt Ferlach aus der einstigen Tradition der Eisenverarbeitung eine Vielzahl an Büchsenmacherbetrieben von Weltruf entwickeln konnte. Das Rosental ist zugleich Heimat der Carnica-Biene, der die ganze Karnische Region bis hinauf ins Gailtal ihren Namen verdankt. Diese Bienenart gilt als äußerst sanftmütig, widerstandsfähig und ertragreich und ihr Honig aufgrund der großen Vielfalt an blühenden Wiesen und Sträuchern im Rosental als besonders geschmackvoll. Überregionale Bekanntheit erlangt haben vor allem der bernsteinfarbene Rosentaler Waldhonig, der sich durch einen würzigen und angenehm herben Geschmack auszeichnet, und der süßere Blütenhonig mit seiner feinen Note von Wiesensalbei. Honig hat sich schon seit Hunderten von Jahren aber auch als wirkungsvolles Naturheilmittel einen Namen gemacht. So fertigen die fleißigen Imker neben wohlduftendem Bienenwachs auch königliches Gelée royale oder Propolis. Und für alle, die von dem köstlichen Naturprodukt gar nicht genug bekommen können, wird hier im Rosental auch Schokolade, Eis, Wein, Likör und Schnaps aus Honig angeboten.

Kontraste: Zwischen Villach (l.) und Klagenfurt (im Bild oben der Neue Platz direkt vor dem Rathaus) erstreckt sich entlang der Drau das malerische Rosental (ganz links)

GASTLICHKEIT MIT HERZ

Der Gasthof Feichter in Finkenstein

Am besten schmeckt's meist dort, wo auch die Einheimischen gerne hingehen. So wie in Finkenstein beim Gasthof Feichter, den Edeltraud und Peter Warmuth gemeinsam mit ihren Kindern Anna und Florian in sechster Generation bewirtschaften. Der idyllisch gelegene und sehr gepflegte Gasthof – zu dem auch ein Hotel gehört – wird aber nicht nur der guten Küche wegen geschätzt, sondern auch aufgrund der Dekorationen und Blumenarrangements, mit denen Edeltraud Warmuth jede Feier zu etwas Besonderem werden lässt. Jeder Raum, jeder Tisch ist liebevoll gestaltet. Kurzum: Man fühlt sich vom ersten Moment an wohl – in den modernen Zimmern ebenso wie in der gemütlichen Gaststube oder im großen Saal, in dem bis zu 60 Leute Platz finden.

So bunt und einfallsreich wie die dekorativen Ideen sind auch viele der kulinarischen Kreationen. Die Wirtsleute verstehen es, neue Wege zu gehen und dabei eine Brücke zu schlagen zu regionalen Besonderheiten. So finden sich auf der Karte Nudel- oder heimische Fischgerichte ebenso wie pfiffige Neukreationen, beispielsweise der Kärntner Bauernspeck mit Bienenhonig, Kräutern und Melone. Das wechselnde Angebot spiegelt wider, was die Natur gerade zu bieten hat. Und wenn der Küchenchef einmal seinen Urlaub genießt, stellt sich die Wirtin, die das Kochhandwerk von der Pike auf gelernt hat, gerne selbst an den Herd.

Ein Urlaub im Gasthof Feichter bietet jedoch noch mehr: Das Haus liegt inmitten der malerischen Südkärntner Landschaft und ist idealer Ausgangspunkt, um Land und Leute im Dreiländereck mit Italien und Slowenien kennenzulernen. Dafür sorgt auch Großvater Alarich Warmuth: Sein selbst gemachter Zirbenbrand und seine sortenreinen Edelbrände sind über die Landesgrenzen hinaus bekannt und stehen bei vielen italienischen und slowenischen Gästen besonders hoch im Kurs.

Feichters Apfelnudeln mit hausgemachtem Minzeis

Dieses Rezept finden Sie auf Seite 104

GASTHOF FEICHTER
Familie Warmuth
Faakerseestraße 17
A-9584 Finkenstein
Telefon 00 43 (0) 42 54 / 22 14
www.gasthof-feichter.com

HAUBEN-NIVEAU IM UMADUM

Alles, was ein gutes Wirtshaus braucht. Und ein bisschen mehr

Polenta-Tascherl

Dieses Rezept finden Sie auf Seite 105

Eine ehrliche, traditionelle Küche mit heimischen Produkten: Markus Eisner liebt es einfach und bodenständig. Im Umadum steht er als Chef selbst am Herd und legt dabei Wert auf Qualität und Ethik. „Mir ist es wichtig, dass wir auf Produkte aus der Region setzen und unsere Gäste dank regelmäßiger kulinarischer Aktivitäten – wie zum Beispiel unserem traditionellen Bratentag am Sonntag – zu Freunden des Hauses werden." Im Sommer bietet der Gastgarten unter alten Kastanienbäumen einen herrlichen Blick auf den Mittagskogel, und im Winter wird es im Jaga-Stüberl neben dem offenen Kamin bei Gansl, Wild und Co. so richtig gemütlich.

Im Holzofenkamin wird immer wieder frisch gegrillt. Dabei spielt die Herkunft der Produkte für Markus Eisner die wichtigste Rolle. Das Wild wird vom Chef selbst erlegt oder kommt aus den nahen Wäldern. Und auch das Fleisch für die saftigen Steaks stammt von Rindern aus der Region. Die köstlichen Backhendl zeugen von der steirischen Herkunft des Küchenchefs und machen das Umadum zum Anziehungspunkt für Gäste aus nah und fern. Ebenso beliebt: Mamas hausgebackenes Brot sowie die einzigartigen Kardinalschnitten aus Mamas Nachspeisenkuchl, die es übrigens auch zum Mitnehmen gibt.

Die Speisekarte ist klein, aber fein und wechselt fast täglich. Umso umfangreicher dagegen die Weinkarte mit einer exquisiten Auswahl aus vornehmlich heimischen Anbaugebieten. Ein beliebter Fixpunkt im Umadum sind die monatlichen „Menüs mit Weinbegleitung", in deren Rahmen bekannte österreichische Winzer ihre edelsten Sorten höchstpersönlich präsentieren. Und wer sich selbst oder einen lieben Menschen mit einem kulinarischen Highlight der besonderen Art beschenken möchte, dem seien die wunderbaren Überraschungsmenüs im Umadum ans Herz gelegt!

WIRTSHAUS UMADUM

Markus Eisner

Aichwaldseestraße 26
A-9582 Unteraichwald bei Latschach
Telefon 00 43 (0) 42 54 / 2 57 27
Mobil 00 43 (0) 6 64 / 3 82 09 63
www.wirtshaus-umadum.at

MEHR ALS NUR BEILAGE

Diese Erdäpfel adeln die besten Restaurants

Erdäpfelpalatschinken
Dieses Rezept finden Sie auf Seite 105

Vitamine, Mineralien, Nährstoffe und eine wahrhaft bunte Geschmacksvielfalt: Was alles in Erdäpfeln steckt, erfährt man bei einem Besuch am Hof der Familie Mischkulnig vulgo Happe in Treffen bei Velden. Bereits in dritter Generation leitet Gregor Mischkulnig die Landwirtschaft südlich des schönen Wörthersees, die von seinem Großvater nach dem Ersten Weltkrieg von einem reinen Milchbetrieb auf den Anbau der wohlschmeckenden Knolle umgestellt wurde.

Heute werden hier über 14 Sorten auf insgesamt acht Hektar angebaut. Dabei spielt für Gregor Mischkulnig der Ertrag der Felder eine geringere Rolle als die Qualität. Und für diese legt sich die ganze Familie jedes Jahr so richtig ins Zeug: Im Anschluss an die Ernte werden die Erdäpfel Stück für Stück per Hand nachverlesen. Diese Auslese wird dann im Erdkeller bei 90 Prozent Luftfeuchtigkeit und einer konstanten Temperatur zwischen drei und vier Grad Celsius in eigens gefertigten Kisten gelagert. Die natürliche Lagerung bewirkt, dass die Erdäpfel bis ins Frühjahr frisch und geschmackvoll bleiben, bevor Ende Mai/Anfang Juni die ersten Heurigen unter Vliesdecken heranreifen. „Damit können wir unseren Kunden stets beste Qualität garantieren", so Gregor Mischkulnig.

Eine Qualität, die auch viele Wirtsleute und Küchenchefs zu schätzen wissen. Vom berühmten „Blauen St. Galler", der vor allem in der Haute Cuisine verwendet wird, über die rotschalige „Birgit" bis zur klassischen „Evita" – Gregor Mischkulnig beliefert mehr als 100 Restaurants in Kärnten mit Erdäpfeln allererster Güte. Übrigens: Alle Sorten werden das ganze Jahr über auch an private Kunden verkauft und größere Mengen sogar zugestellt. Wer Erdäpfel also nicht nur als Beilage schätzt, für den zahlt es sich aus, einmal beim Mischkulnig vorbeizuschauen.

GREGOR MISCHKULNIG VLG. HAPPE
Gregor Mischkulnig
Treffner Straße 47
A-9536 St. Egyden
Telefon 00 43 (0) 42 74 / 52 28 6
www.veldner-bauern.com

DIE WELT ZU GAST

Beim Stefaner in Suetschach kommen die Leut z'samm

Lachsfilet mit Röstgemüse
Dieses Rezept finden Sie auf Seite 105

Wenn die Kirchenglocken in Suetschach im Rosental zur Taufe, Firmung oder Hochzeit läuten, ist nebenan im Gasthaus Stefaner für die anschließende Tafel schon alles bereit. Seit mehr als achtzig Jahren ist der 1989 neu errichtete Gasthof im Besitz der Familie Stefaner. Wie aus den Unterlagen des Kärntner Landesarchivs hervorgeht, bestand in Suetschach neben der Kirche jedoch bereits im Jahr 1553 ein sogenanntes „Tafernrecht", was nahelegt, dass hier schon seit bald einem halben Jahrtausend zur Einkehr geladen wird.

Die heutigen Besitzer Beate und Andreas Oberdorfer geben viel auf diese Tradition und auf die Bedeutung, die ihr Gasthaus im Dorfleben einnimmt. Während ihrer gastronomischen Lehrjahre sind die beiden viel herumgekommen. Diese Erfahrungen verbinden sie nun mit den kulinarischen Eigenheiten der Region und verwöhnen ihre Besucher mit monatlich wechselnden Genüssen. Von den mexikanischen und italienischen Wochen über die Wildwochen bis zum traditionellen Gansl-Essen – beim Stefaner schmeckt's, wie's bei einem echten Dorfwirt schmecken soll.

Die gemütliche Gaststube trägt ihr Übriges dazu bei, dass man sich hier so richtig wohl fühlt. Auch im Sommer – auf der hübschen Terrasse mit Blick auf den Dorfplatz –, wenn in der kleinen Gemeinde beinahe die halbe Welt zu Gast ist! Grund dafür ist der 366 Kilometer lange Drau-Radweg, der direkt an Suetschach vorbeiführt. Radfahrer aus ganz Europa und aus Übersee legen im Gasthaus Stefaner eine stärkende Pause ein oder nächtigen in einem der komfortablen Familienzimmer und Appartements.

Zum Abschluss noch ein Tipp für das nächste Familien- oder Firmenfest: Beate Oberdorfer und ihr Team entwickeln eine unglaubliche Kreativität, wenn es darum geht, einer Feier eine besondere Note zu verleihen. Mehr sei an dieser Stelle nicht verraten – lassen Sie sich einfach überraschen!

GASTHAUS STEFANER
Beate und Andreas Oberdorfer
Suetschach 33
A-9181 Feistritz im Rosental
Telefon 00 43 (0) 42 28 / 21 35
www.gasthausstefaner.at

RADFAHRER WILLKOMMEN

Johann Schütz' Gasthof war der erste Radgasthof Österreichs

Hollenburger Burgherrenschnitzel
Dieses Rezept finden Sie auf Seite 106

Im Jahr 1991, als der Karawankentunnel den Loiblpass als wichtigste Verkehrsverbindung ins ehemalige Jugoslawien ablöste, wurde es merklich ruhiger entlang der Loiblpass-Bundesstraße. Und auch im Gasthof Schütz, einem der ältesten Wirtshäuser des Rosentals, spürte man das Ausbleiben der Durchreisenden.

Da hatte Johann Schütz, der Wirt des geschichtsträchtigen Hauses – bereits seit dem Jahr 1663 besteht hier eine Konzession für den Ausschank von Bier und Met – eine Idee: Er baute den direkt am Drau-Radweg gelegenen Gasthof zum ersten Radgasthof Österreichs aus und schuf damit eines der beliebtesten Etappenziele an der 366 Kilometer langen Strecke zwischen dem Südtiroler Toblach und dem slowenischen Marburg. Zum Hotel gehören heute ein Schwimmbad mit einer großen Liege- und Spielwiese und ein attraktiver Wellnessbereich – mit Whirlpool, Panoramasauna, Infrarotkabine sowie einer Sonnenterrasse mit Blick auf die mächtige Hollenburg.

Dem mittelalterlichen Schloss hoch über dem Rosental ist auch einer der größten kulinarischen Schätze des Gasthofs gewidmet: das Hollenburger Burgherrenschnitzel, ein saftiges Naturkalbsschnitzel, mit Schinkenspeck und Bergkäse gefüllt und mit einer g'schmackigen Pilzsauce serviert. Das Team um Johann Schütz verwöhnt die Gäste mit einer Mischung aus gesunder, bodenständiger Küche sowie nationalen und internationalen Spezialitätenwochen.

30 modern ausgestattete Zimmer stehen für Urlauber bereit, die von hier aus Rad- und Mountainbiketouren unternehmen oder nur einen geruhsamen Erholungsurlaub in unmittelbarer Seenähe (100 Meter) verbringen möchten. Zudem bietet der Radgasthof einen erstklassigen Service: Neben Gratis-Leihrädern, geführten Touren und vielem mehr gibt es einen eigenen Radrückholdienst – für alle, die das Wetter oder vielleicht auch ihre Kräfte einmal falsch eingeschätzt haben.

RADGASTHOF SCHÜTZ
Johann Schütz
Kirschentheuer 2
A-9162 Kirschentheuer
Telefon 00 43 (0) 42 27 / 24 82
www.schuetz-hotel.at

MIT HABSBURGER HISTORIE

Die ehemalige K.-u.-k.-Poststation und einstige Weintaverne

Das Stammhaus des Gasthof-Hotels zur Post wurde im Jahr 1666 errichtet und befindet sich seither – in 13. Generation – im Besitz der Familie Kramer. 148 Jahre lang war hier außerdem die K.-u.-k.-Poststation untergebracht: Josef Janz, der Großvater des heutigen Eigentümers Harald Kramer, war noch K.-u.-k.-Postmeister und betrieb die letzte Pferdewechselstation vor der anstrengenden Fahrt über den Loibl-Pass nach Tržic, das damals zu Österreich-Ungarn gehörte. Mit der Postkutsche kamen aber auch die ersten Touristen ins Tal. Die Vorfahren der Familie Kramer besaßen nämlich eine der ersten Lizenzen für den Ausschank von Wein.

Aus dem Stammhaus wurde ein Appartementhaus mit Ferienwohnungen. Angrenzend wurde das Gasthof-Hotel zur Post auf Vier-Sterne-Niveau neu errichtet. Und wie damals ist das im Herzen der Karawanken gelegene Haus auch heute noch bei Durchreisenden ebenso beliebt wie bei jenen Gästen, die sich in einem der Büchsenmacherbetriebe der Stadt Ferlach ein Jagdgewehr anfertigen lassen und derweil am nahen Wörthersee oder im Wellnessbereich des Vier-Sterne-Hotels – mit Sauna, Solarium und sehenswertem Marmordampfbad – entspannen.

Die Post bietet den idealen Rahmen für Familien- und Geschäftsfeiern und ist kulinarisch vor allem für ihre frische Kräuterküche bekannt – von der Pute im Kräutermantel bis hin zum deftigen Postschnitzel, das schon dem Kaiser gemundet hat. Ein wahrer Genuss sind die süßen Wunderwerke wie die „Hadnroulade mit Grantnschleck" oder die Stanitzel, deren Zubereitung einem „Sekundenkrimi" gleicht: Der nach alter Tradition hergestellte Teig wird hauchdünn herausgebacken, noch heiß zu einem Stanitzel gerollt – und anschließend mit Eis und frischen Früchten zu einem einzigartig knusprigen Leckerbissen veredelt. Prädikat: besonders geschmackvoll!

Carnica-Kaiserschmarrn (u.)

Dieses Rezept finden Sie auf Seite 188

GASTHOF HOTEL ZUR POST
Harald Kramer
A-9163 Unterbergen 3
Telefon 00 43 (0) 42 27 / 20 78-0
www.hotelzurpost.at

GADY
HOLDER
HOLDER

DIE WEINBOTSCHAFTER

Zwei Karnburger Winzer machen Wein aus Kärnten salonfähig

Als der amerikanische Musikwissenschaftler Sem Kegley 1995 als einer der ersten Winzer in Kärnten startete, galt Weinbau hierzulande noch als exotische Disziplin. Mittlerweile bietet jedoch vor allem der Mittelkärntner Raum hervorragende Bedingungen für viele Rebsorten – und damit auch für Sem Kegley, der im Jahr 2007 gemeinsam mit Georg Michael Lexer das Weingut Karnburg eröffnete. Das Anwesen in sonniger Hanglage wurde auf dem Grundstock eines ehemaligen Bauernhofes der Familie Lexer errichtet.

Heute bewirtschaftet man rund sechseinhalb Hektar mit den Sorten Chardonnay, Pinot Grigio, Sauvignon Blanc, Zweigelt und Pinot Noir. Die Anbauflächen variieren von steilen Hanglagen mit hohem Kaliumanteil bis hin zu Weinterrassen auf verwittertem Urgestein – entsprechend unterschiedlich auch die Ausprägungen der einzelnen Sorten. Insgesamt werden rund 10 000 Flaschen pro Jahr abgefüllt. Der Lagerkeller befindet sich unmittelbar unter dem Presshaus, der Wein gelangt so mittels Schwerkraft in die Stahltanks. Schonend, wie es der Philosophie der Karnburger Weinbauern entspricht. „Der Wein kommt aus den Weinbergen", so Sem Kegley. „Im Keller wird bei uns niemals eingegriffen."

Empfehlenswert sind die regelmäßigen Verkostungen, die jeden ersten Samstag im Monat von April bis Dezember in einem der wunderschönen Haupthäuser mit Blick über die Weinhänge stattfinden. Das Gut bietet Platz für bis zu 200 Gäste und eine ganz besondere Atmosphäre für Feste, aber auch für Seminare. Die Weine selbst gibt es nicht nur ab Hof, sondern auch in ausgewählten Wein- und Delikatessläden zu kaufen. Und auch in so manch exklusivem Restaurant außerhalb der Kärntner Landesgrenzen, über die hinaus sich die beiden Weinbotschafter aus Kärnten bereits einen Namen gemacht haben.

WEINGUT KARNBURG
Sem Kegley und Georg Michael Lexer
Leiten 6
A-9063 Klagenfurt am Wörthersee
Telefon 00 43 (0) 6 50 / 8 27 12 44
Telefon 00 43 (0) 6 76 / 9 43 20 94
www.weingut-karnburg.eu

LA CAPSULA

MEDITERRANE OASE IN KLAGENFURT

Stile italiano inmitten des größten Gastgartens der Stadt

Dass das am zauberhaften Wörthersee gelegene Klagenfurt reich ist an malerischen Gässchen und Gastgärten mit beinahe südländischem Flair, ist bekannt. Eine derart stilechte mediterrane Oase wie die Villa Toscana ist aber auch in der südlichsten Hauptstadt des Landes eine Seltenheit. Inmitten des alten Stadtteils St. Ruprecht kommen hier Antipasti und Dolci sowie Fleisch- und Fischgerichte in bester italienischer Tradition auf den Tisch. Die Meeresfrüchte dafür werden zweimal die Woche frisch über die nahe Grenze angeliefert, alle anderen Zutaten kommen direkt aus der Region.

In der Villa Toscana lässt es sich aber nicht nur vortrefflich speisen, sondern vor allem auch feiern. Firmen- und Familienfeste stehen beinah an der Tagesordnung, und gerade Kinder fühlen sich in der mit viel Liebe zum Detail eingerichteten Villa besonders wohl. Das liegt nicht nur an der herzhaften Pizza, die in einem gemauerten Steinofen über Holzscheiten herausgebacken wird, sondern wohl auch am größten Gastgarten in ganz Klagenfurt. Auf fast 10 000 Quadratmetern können die Kinder spielen, herumtoben und Trauben von den Weinreben naschen, während die Eltern auf der Terrasse Köstliches aus Küche und Keller genießen.

Wein ist überhaupt ein wichtiges Thema in der Villa Toscana. „Die Früchte unserer eigenen Reben werden zwar hauptsächlich zu Traubensaft oder in der Küche verarbeitet", so Wirt René Planka, „in unserem zwei Geschoße tiefen Weinkeller im Garten – eine echte Rarität in Kärnten – finden im Frühjahr und im Herbst jedoch Verkostungen mit besonderen Weinen aus Österreich und dem Alpen-Adria-Raum statt." Ein ebenso geschmackvoller wie preiswerter Tipp sind übrigens die täglich wechselnden Mittagsmenüs in der Villa Toscana. Denn warum sollte man sich nicht auch in der Mittagspause mal einen kulinarischen Ausflug ans Mittelmeer gönnen?

VILLA TOSCANA
René Planka
Sonnwendgasse 27
A-9020 Klagenfurt am Wörthersee
Telefon 00 43 (0) 4 63 / 31 92 60
www.villatoscana.at

SCHWEIZERHAUS
Willkommen
im
Schweizerhaus

KAISERLICHE GAUMENFREUDEN

Genießen wie Kaiser Franz Joseph: Im Schweizerhaus am Kreuzbergl

Steak in der Pinienkruste
Dieses Rezept finden Sie auf Seite 106

Das Kreuzbergl gilt seit jeher als der „Hausberg der Klagenfurter“. Selbst Kaiser Franz Joseph hat sich bei seinen Aufenthalten in Kärnten immer gerne hierher zurückgezogen – am liebsten ins Schweizerhaus, das Mitte des 19. Jahrhunderts von Martin Ritter von King für die kaiserlich-königliche Familie errichtet wurde.

Seit 2006 wird das geschichtsträchtige Haus mit der unvergleichlich schönen Aussicht von Jürgen Kruptschak betrieben. Er sammelte bereits als 18-jähriger Jungkoch internationale Erfahrung und avancierte mit nur 23 Jahren zum Küchenchef der Alten Post in St. Anton am Arlberg. Danach arbeitete er mit Karl Eschlböck am Mondsee und verbrachte einige Jahre auf hoher See, unter anderem als Küchenchef bei Luxus-Kreuzfahrten. Anschließend kehrte Kruptschak zur Ski-WM 2001 in die Küche der Alten Post zurück – und später dann nach Kärnten, um im Jahr 2006 das Schweizerhaus zu übernehmen.

Hier begeistert der weit gereiste Spitzenkoch mit einer perfekten Mischung aus gutbürgerlich österreichischer und internationaler Küche. Regionale Kärntner Spezialitäten von der Alm oder aus Fluss und See stehen ebenso auf der berühmten „wandelnden Speisekarte“ wie mediterrane Köstlichkeiten und Meeresfrüchte. Und auch das Publikum im Schweizerhaus ist bunt gemischt. Neben Stammgästen und Spaziergängern, die auf einen Kaffee und den berühmten Eisreindling einkehren, finden sich hier auch viele internationale Hotelgäste, die die traumhaft ruhige Lage des Drei-Sterne-Hotels für einen Stadt- oder Badeurlaub am Wörthersee nutzen.

Eine wahre Traumkulisse bietet das Kreuzbergl übrigens auch für Hochzeiten: Die romantische kleine Kirche ist nur wenige Schritte vom Schweizerhaus entfernt – ideal, um den Bund fürs Leben bei einer Hochzeitstafel im ehemaligen Lusthaus der kaiserlich-königlichen Familie zu feiern.

SCHWEIZERHAUS – RESTAURANT AM KREUZBERGL
Jürgen Kruptschak
Kreuzbergl 11
A-9020 Klagenfurt
Telefon 00 43 (0) 4 63 / 5 67 21
www.schweizerhaus.co.at

RESTAURANT MARIA LORETTO

Ein traumhaft schönes Platzl am Wörthersee

Auf der Halbinsel Maria Loretto am Landspitz von Klagenfurt befindet sich ein wunderbar romantisches Restaurant, das seit 1978 von der Familie Hofer geführt wird. Die Eltern von Richard Hofer leiteten in Gallizien den bekannten „Wildensteiner Hof", in dem Heinrich Fürst von Orsini und Rosenberg gerne zu Gast war. Als der Fürst erfuhr, dass Richard und Elfriede Hofer den „Wildensteiner Hof" aufgeben wollten, kam ihm eine Idee: Zu seinen Besitztümern zählte auch die Halbinsel Maria Loretto. Dort befand sich unter dem Schloss eine Gastwirtschaft, die er Richard Hofer zur Bewirtung anbot. Der angesehene Gastwirt war allerdings in die Jahre gekommen und wollte den Lebensabend mit seiner Frau genießen. Sein Sohn Richard Hofer jun. und Schwiegertochter Brigitte nahmen die Herausforderung jedoch an. Sie verlegten das Restaurant in den ersten Stock, erweiterten es um einen Seegarten – und führen nun seit 36 Jahren das Maria Loretto.

Rasch erlangte das Restaurant internationale Bekanntheit. Und die Wirtsfamilie darf sich seither über ebenso treue Stammgäste wie Mitarbeiter freuen. Die Küche wird seit vielen Jahren von Richard Hofer, Küchenchef Josef Kramer und Anton Kleewein geleitet. Im Service haben Alfred Kuchling und Sohn Andreas Hofer das Kommando. Für das Innenleben und den parkähnlichen Außenbereich ist Hausherrin Brigitte Hofer zuständig.

Das Restaurant bietet einen herrlichen Blick auf den See samt eigener Bootsanlegestelle und eine ausgezeichnete heimische und mediterrane Küche. Empfehlenswert vor allem die Rubrik „See küsst Meer" – ein großes Aquarium bürgt für frischen Fischgenuss das ganze Jahr über. Dazu gibt es hervorragende Steaks vom Almochsen oder vom Kalb, das Fleisch stammt stets von Kärntner Bauernhöfen. Das Restaurant Maria Loretto ist sicher eines der schönsten und genussreichsten „Platzln" am ganzen Wörthersee.

Wörthersee-Zandersteak in der Kräuterkruste
Dieses Rezept finden Sie auf Seite 107

RESTAURANT MARIA LORETTO
Familie Hofer
Lorettoweg 54
A-9020 Klagenfurt am Wörthersee
Telefon 00 43 (0) 4 63 / 2 44 65
www.restaurant-maria-loretto.at

Gasthof

PARADIES FÜR KINDER UND ELTERN

Der Gasthof Joainig in Pörtschach am Wörthersee

Schweinsfilet mit Steinpilzkruste
Dieses Rezept finden Sie auf Seite 107

Der Pörtschacher Traditionsgasthof Kochwirt Joainig ist seit dem Jahr 1911 im Familienbesitz und wird heute in dritter Generation von der Familie Eisler geführt. Erstmals wurde die „Kochkeusche", benannt nach dem damaligen Besitzer, 1787 im Plan der „Josephinischen Landesaufnahme" (dem ersten umfassenden Landkartenprojekt im Herrschaftsbereich der Habsburger Monarchie) erwähnt. Und schon dazumal hatte das Haus eine lange Tradition als Wirtsbetrieb für Fuhrwerker und Reisende auf dem Weg in den Süden.

Heute gilt der Joainig vor allem bei Familien mit Kindern als Geheimtipp. Ob der exklusiven Lage und dem Privatbadestrand mit der 2000 Quadratmeter großen Liegewiese empfiehlt sich das Hotel für einen entspannten Urlaub am Wörthersee, abseits von Trubel und Verkehr. Und auch das ansprechende Restaurant mit dem sehenswerten Gastgarten lädt zum Urlaub vom Alltag ein. Das Küchenteam bereitet Kärntner Schmankerln und internationale Köstlichkeiten auf höchstem Niveau zu. Wert wird dabei vor allem auf Frische und regionale Herkunft der Produkte gelegt.

Besonderes Plus für alle Familien: Der Joainig verfügt über einen der größten privaten Kinderspielplätze in Sichtweite der Eltern. Ob Western-Saloon, ein Besuch bei Winnetou, die Riesenschaukel oder die Gokart-Bahn – der beinahe unbegrenzte Spielspaß für die Kleinen ermöglicht den Großen einige Stunden der Erholung und des Genusses. Für dieses Bemühen um das Wohl der Gäste ist die Familie Eisler schon mehrfach ausgezeichnet worden. Im Jahr 2001 wurde Maria Eisler von der Kärntner Wirtshauskultur sogar zur „Wirtin des Jahres" gekürt. In absehbarer Zeit werden sie und ihr Mann Kurt den Gasthof an die nächste Generation übergeben. Dann werden Tochter Marie Sager und ihr Ehemann Christian die großen und kleinen Gäste im Familienparadies am Wörthersee verwöhnen.

GASTHOF JOAINIG GMBH
Familien Eisler und Sager
Kochwirtplatz 4
A-9210 Pörtschach
Telefon 00 43 (0) 42 72 / 23 19
www.joainig.com

HOTEL SCHLOSS SEEFELS

Das Fünf-Sterne-Relais & Châteaux-Hotel am Wörthersee

Filet vom Kärntner Låxn mit Artischocken

Dieses Rezept finden Sie auf Seite 108

Das Hotel Schloss Seefels in Pörtschach zählt zu den exklusivsten Hotels in Kärnten. Direkt am Wasser auf einem Felsen gebaut, ist das 1860 errichtete Fünf-Sterne-Relais & Châteaux-Hotel Schloss Seefels die wohl stimmungsvollste Adresse am See. Die Zufahrt durch eine Parklandschaft gibt nach und nach den Blick auf das prachtvolle Gebäude frei. Dr. Emanuel Herrmann, der Erfinder der Postkarte, ließ das Schloss einst errichten, in dem man sich heute noch wie in einem Urlaubstraum aus längst vergangenen Zeiten wähnt, als man noch „zur Sommerfrische" an den Wörthersee reiste.

Als Business- und Tagungshotel hat das Hotel Schloss Seefels immer Saison – und auch die Restaurants gelten das ganze Jahr über als Top-Adresse für Feinschmecker. Jährliche Auszeichnungen von Gault Millau, A la Carte oder dem Falstaff Gourmetguide sind der beste Beweis. Im Gourmetrestaurant „La Terrasse" kann man ganzjährig mit fantastischem Seeblick speisen und sich dabei vom hochdekorierten Küchenchef Richard Hessl und seinem Team nach allen Regeln der Kochkunst verwöhnen lassen. Und im Sommer legt so mancher Gast gerne an der hauseigenen Marina an, um im Seerestaurant „Porto Bello" österreichisch-italienische Traditionsgerichte, frische Meeresfrüchte und den Blick über den See zu genießen. Gekocht wird mit hochwertigen, großteils heimischen Produkten, die mit Liebe und Hingabe zu gesunden und gleichzeitig kreativen Gerichten verarbeitet werden.

In den beiden À-la-carte-Restaurants sind auch Tagesgäste herzlich willkommen, während in der „Orangerie" im wahrsten Sinne der Hotelgast König ist. Das Seefels-Team pflegt einen nahezu familiären Umgang mit seinen Gästen und geht gerne auf Wünsche ein – da wundert es nicht, dass selbst zu später Stunde noch der eine oder andere kulinarische Leckerbissen für so manchen Gast zubereitet wird.

HOTEL SCHLOSS SEEFELS
BESITZ- UND MANAGEMENT GMBH
Direktor: Egon Haupt
Töschling 1
A-9212 Pörtschach, Techelsberg am Wörthersee
Telefon 00 43 (0) 42 72 / 23 77
www.seefels.com

DIE ERSTE ADRESSE AM SEE

Am Wörthersee steht eines der besten Restaurants Österreichs

Kochen ist für mich nicht nur Beruf, sondern Leidenschaft!", lautet das Credo von Hubert Wallner – und dieser Leidenschaft geht der 2-Hauben-Koch schon seit frühester Jugend nach. Als Sohn einer niederösterreichischen Hoteliersfamilie lernte er bei Heinz Hanner, Toni Mörwald und Martin Sieberer und arbeitete zunächst in Vier- und Fünf-Sterne-Restaurants in Österreich und der Schweiz, ehe er nach Kärnten kam – von 2005 bis 2009 als Küchenchef im Caramé –, um im Jahr 2010 schließlich das See Restaurant Saag in Techelsberg zu eröffnen.

Im traumhaften Ambiente, direkt am Wörthersee, komponiert Wallner raffinierte Geschmackskreationen aus allerfeinsten Zutaten und zeichnet dabei einen genussvollen Spannungsbogen über den gesamten Alpen-Adria-Raum. Binnen kürzester Zeit etablierte er das Gourmetlokal mit der außergewöhnlich schönen Seeterrasse samt dazugehöriger Marina unter den besten Feinschmeckeradressen Österreichs – und wurde dafür 2013 erneut mit zwei Gault Millau-Hauben, vier A-la-Carte-Sternen und vier Falstaff-Gabeln (als „Bestes Restaurant in Kärnten" und „Aufsteiger des Jahres") geehrt. Der Meisterkoch, selbst leidenschaftlicher Genießer, versteht es, mit Kontrasten und Texturen zu spielen und heimische Klassiker auf höchst delikate Weise neu zu interpretieren. Besonderes Augenmerk legt er dabei auf den Einsatz traditioneller, teils vergessener Zutaten, wie etwa alte Pilze, Gemüseraritäten und seltene Kräutersorten.

Absolut empfehlenswert: die „Glorreichen 7", eine Serie hochkarätiger Gourmetabende, an denen Spitzenköche aus ganz Österreich in entspannter Atmosphäre mit dem Hausherrn Degustations-Menüs kreieren – natürlich mit entsprechender Weinbegleitung: Der Weinkeller umfasst rund 700 Positionen. Und auch für Hobbyköche nimmt sich Wallner immer wieder Zeit – bei seinen regelmäßigen Kochkursen, wo sich der Meisterkoch gerne über die Schulter schauen lässt.

Zweimal Rind mit Schwarzwurzeln, als Dessert Besoffener Kapuziner

Diese Rezepte finden Sie auf den Seiten 109/110

SAAG – JA GASTRO & HANDELS GMBH
Geschäftsführender Gesellschafter:
Hubert Wallner
Saag 11
A-9212 Techelsberg am Wörthersee
Telefon 00 43 (0) 42 72 / 4 35 01
www.saag-ja.at

WÖRTHERSEE-GESCHICHTE

Der Name Politzky steht seit jeher für allerhöchsten Genuss

Wie kaum ein anderer Name ist jener der Familie Politzky mit dem Aufstieg von Velden am Wörthersee zu einer der bekanntesten Urlaubsdestinationen des Landes verbunden. 1937 gründete Josef Politzky, der mit seiner Frau Juliana aus dem Osten Österreichs an den Wörthersee gekommen war, die gleichnamige Konditorei. Politzky bot den ersten Sommerfrischlern Mehlspeisen nach original Wiener Kaffeehaustradition und einiges mehr: Allabendlich gab es beste Unterhaltung und Live-Musik – ein alter Rossstall diente als eine der allerersten Bars am See.

Den Rossstall gibt's schon lange nicht mehr. Die süßen Köstlichkeiten beim Politzky werden aber nach wie vor nach überlieferten Rezepten aus den Zeiten der K.-u.-k.-Monarchie hergestellt. Auch im Winter, wenn die Konditorei geschlossen ist, werden von hier aus die weiteren Politzky-Betriebe direkt gegenüber dem Veldener Casino täglich mit frischen, hausgemachten Mehlspeisen und Eissorten beliefert. Das Le Café zum Beispiel bietet das ganze Jahr über klassisch-eleganten Kaffeegenuss, ganz im Stil eines Wiener Kaffeehauses. Dazu locken süße Verführungen von Apfelstrudel bis Zimtstangerln, die alle mit viel Liebe und nach alten Rezepten zubereitet werden. Ein absolutes Muss für jeden Besucher ist das berühmte Mösslacher Krapferl nach dem Originalrezept von Maria Mösslacher, der Ahnherrin des Hauses, aus dem Jahr 1920.

Direkt an das Le Café schließt das Casinohotel an, das von Josef Politzkys Tochter Juliane, genannt „Julischka", mit ihrem ersten Mann gegründet wurde und heute als eines der besten Häuser in Velden gilt. Gäste des Vier-Sterne-Hotels schwärmen von der ausgezeichneten Küche ebenso wie vom traumhaften Wellnessbereich und dem wunderschönen Privatstrand am berühmtesten See Österreichs. Geschäftsführer des Hotels ist mittlerweile Julischka Politzkys zweitgeborener Sohn Manuel, der auch nebenan das Schinakl – unter freiem Himmel direkt am Casinoplatz – und die dahinter liegende American Bar betreibt. Die Bars zählen zu den Top-Party- und -Event-Locations am Wörthersee – womit sich der Kreis zum ehemaligen Rossstall von Josef Politzky wieder schließt.

Tatar vom Rinderfilet (u.)

Dieses Rezept finden Sie auf Seite 110

Als kulinarische Krönung der Politzky-Betriebe gilt aber das an der Ostseite des Casinohotels gelegene Caramé, das von Günter Faderl geführt wird. Das kleine, feine Gourmetrestaurant erweist sich schon beim Betreten als wohltuend anders. Der moderne Glaswürfel strahlt eine Leichtigkeit und Behaglichkeit aus, die zum Verweilen und Genießen einlädt. Vom A la Carte, dem „Magazin für Ess- und Trinkkultur", wurde das 2-Hauben-Restaurant jüngst sogar mit 96 Punkten ausgezeichnet – der höchsten jemals in Kärnten vergebenen Bewertung. Das Caramé besticht nicht nur durch sein elegantes Ambiente, sondern auch mit einer exzellenten Küche, einem herausragenden Service und einem bestens bestückten Weinkeller.

Küchenchef André Stahl zaubert einen Mix aus mediterraner und klassisch französischer Küche und verwöhnt seine Gäste auf allerhöchstem Niveau. Im Vordergrund steht dabei die Qualität der Rohprodukte, die er mit kulinarischer Raffinesse zu wahren Kunstwerken vollendet. Unterstützt wird er von einem seit Jahren eingespielten Team, das sich – wie der Meisterkoch selbst – mehr auf ursprüngliches Kochhandwerk und den Geschmack konzentriert als auf Showelemente. Für Erstbesucher besonders zu empfehlen sind das Degustationsmenü sowie das Fischmenü. Die umfangreiche Weinkarte mit den namhaftesten österreichischen und internationalen Weinen rundet das Angebot ab und lässt jeden Abend im Caramé – ganz im Sinne von Josef Politzky – zu einem Gesamterlebnis werden.

P. S. GASTRONOMIE UND HANDELS-GESELLSCHAFT M.B.H.
Am Corso 10
A-9220 Velden

CASINOHOTEL VELDEN
Geschäftsführer: Manuel Politzky
Telefon 00 43 (0) 42 74 / 5 12 33
www.casinohotel.at

RESTAURANT CARAMÉ
Geschäftsführer: Günter Faderl
Telefon 00 43 (0) 42 74 / 30 00
www.restaurant-carame.at

STEIRISCHE TRADITION

Beim Falle gibt's das beste Backhendl weit und breit

Sie sind mittlerweile schon Kult – die berühmten Backhendln vom Landgasthof Falle. Maria Falle, gebürtige Feldbacherin, führt gemeinsam mit ihrem Mann Peter Falle und den Töchtern Sabrina und Verena den im Jahr 1905 gegründeten Familienbetrieb. Das original steirische Hendl-Rezept hat sie aus ihrer Heimat mitgebracht, und die Nachfrage nach den „besten Backhendln weit und breit" ist mittlerweile so groß, dass nun sogar eine eigene Hendl-Straße eingerichtet wurde. Hier kann man – ähnlich einem Drive-in – die gebackenen Leckerbissen nebst hausgemachten Mehlspeisen gleich mit nach Hause nehmen.

Fast genauso beliebt wie die berühmten Hendln sind die bunten Salatvariationen beim Falle, die – ebenso wie das Gemüse – ausschließlich aus Betrieben der unmittelbaren Umgebung stammen. Wer`s etwas deftiger mag, dem seien die Spezialitäten vom Rind und Schwein, aber auch die schmackhaften Kasnudeln ans Herz gelegt. Und bei den Mehlspeisen gelten vor allem die täglich frisch zubereiteten Cremeschnitten als Favorit unter den Gästen – sowie natürlich das Bauernhofeis, das auch im Winter an einem Hof in den Nockbergen nur mit frischer Milch und frischer Sahne zubereitet wird.

Trotz der überregionalen Bekanntheit gilt der Falle nach wie vor als echtes Dorfwirtshaus. Hier trifft man sich vormittags auf einen Kaffee im Kleinen Stüberl und genießt mittags eines der preiswerten Menüs. Nur abends und am Wochenende heißt`s rechtzeitig Reservieren. Vor allem dann, wenn im gemütlichen Zirbenstüberl oder im großen Lindner-Stüberl wieder eine Geburtstags- oder Hochzeitsfeier ansteht. Im Sommer bietet der große, schattige Gastgarten mit der überdachten Terrasse zusätzlichen Platz – für weitere, rund 120 Gäste aus nah und fern, die vielleicht ebenfalls schon von den köstlichen steirischen Backhendln im Herzen Kärntens gehört haben.

FALLE DAS LANDGASTHAUS
Familie Falle
Triester Straße 12
A-9220 Lind ob Velden
Telefon 00 43 (0) 42 74 / 29 12
www.landgasthaus-falle.at

FRIERSS feines haus
FRIERSS feines haus
Wurst & Fleisch
Spezialitäten
Abholmarkt
Restaurant
FRIERSS feines haus

DER AUFSTEIGER DES JAHRES

Stefan Lastin und sein Feines Haus starten mit fünf Sternen

Variationen vom Milchkalb mit
Lavanttaler Spargel und Kerbelwurzel
Dieses Rezept finden Sie auf Seite 110

Für viele Kärntner ist es eine liebgewordene Tradition, einen Ausflug ins nahe Italien mit dem Kauf von frischem Prosciutto oder feinwürziger Salami und Mortadella zu verbinden. Was die meisten nicht wissen: Oft nehmen sie sich bei dieser Gelegenheit ein heimisches Qualitätsprodukt mit nach Hause! Rudolf Frierss & Söhne beliefern nämlich seit vielen Jahren mit ihren vielfach ausgezeichneten Schinken- und Wurstspezialitäten unser südliches Nachbarland bis weit hinunter ins Kanaltal.

Seit Juni 2013 hat der mehr als 100 Jahre alte Kärntner Traditionsbetrieb sein Angebot um eine genussreiche Facette erweitert: Das Feine Haus in der Villacher Gewerbezeile bietet die Bühne für die Erzeugnisse und ein Experimentierfeld am Gaumen der Gäste. Mit dem Maltataler Stefan Lastin hat man sich dafür einen absoluten Spitzenkoch ins Feine Haus geholt. Er lernte im Villacher Warmbaderhof und beim Obauer in Werfen, arbeitete danach im Schloss Fuschl sowie als Küchenchef in Zürs und zuletzt drei Jahre im Schloss Velden.

Im Feinen Haus kocht Lastin fast ausschließlich mit heimischen Produkten und beweist dabei ein ums andere Mal, dass er nicht nur die Gourmetküche beherrscht. So gibt's hier auch sensationelle Mittagsmenüs zu einem mehr als fairen Preis-Leistungs-Verhältnis. Und abends verwöhnt der Meisterkoch im dazugehörigen Gourmetrestaurant Feines Eck mit köstlichen Kreationen aus der österreichischen und internationalen Küche. Mit dabei selbstverständlich Produkte aus der hauseigenen Fleischerei. Ein besonderer Genuss ist der Prosciutto Castello, der auf dem Schinkenwagen vorgefahren und frisch am Tisch hauchdünn heruntergeschnitten wird. Ein weiteres kulinarisches Erlebnis, auf das man sich unbedingt einlassen sollte, ist das Überraschungsmenü, das aus bis zu zehn

Olivenöle
&
Essig-
ACETO DI BAROLO
Olio all' Limone
PIRAN SALZ

verschiedenen Gängen besteht. Das Menü wird immer individuell zubereitet: Alles, was Stefan Lastin dafür zur Inspiration braucht, sind die kulinarischen Vorlieben seiner Gäste.

Im Feinen Haus können Genießer aber nicht nur ausgezeichnet essen, sondern auch einkaufen. Viele der Rohprodukte, mit denen der Meisterkoch zu Werke geht, findet man nämlich im zugehörigen Feinkostladen wieder. Neben den vielfach prämierten Fleisch- und Wurstwaren aus dem Hause Frierss locken unter anderem exquisite Öle, Essige und Gewürze, und auch das Weinregal hält, was der Name „Feines Haus" verspricht. Weinkenner und solche, die es noch werden wollen, können aus einem exzellenten und vielfältigen Angebot wählen – das Sortiment umfasst edle Tropfen junger, aufstrebender Kärntner Weinbauern ebenso wie die allerbesten Jahrgänge aus renommierten österreichischen Winzerbetrieben.

Ob Imbiss oder Gourmetmenü, ob an der Wursttheke oder in den Feinkostregalen: Die Vielfalt und Qualität der Produkte macht neugierig, inspiriert und überzeugt – so auch den Restaurantführer „A la Carte 2014", von dem das Feine Haus auf Anhieb mit 96 von 100 Punkten bedacht und mit der Maximalbewertung von fünf Sternen in die absolute Spitze Österreichs aufgenommen wurde! Dazu gab es jüngst 16 Punkte von Gault Millau, und auch im neuen Falstaff Restaurant-Guide 2014 findet sich das Team um Stefan Lastin mit 92 Punkten unter den Top 3 in ganz Kärnten wieder. In puncto Küchenleistung wurde das Feine Haus im Falstaff sogar zum „Kärntner Landesmeister" gekürt. Bei so viel Lob aus berufenem Munde gibt's für echte Genießer wohl nur eines: am besten einfach selbst überzeugen!

FEINES HAUS
Rudolf FRIERSS & Söhne
Geschäftsführer: Rudolf Frierss
Gewerbezeile 4
A-9500 Villach
Telefon 00 43 (0) 42 42 / 30 40 45
www.feines-haus.at

KÄRNTNER FISCHKÜCHE

In der Ossiacher Stiftsschmiede wird das Essen zum Erlebnis

Die bildschöne, historische Stiftsschmiede ist eines der ältesten Gebäude am Ossiacher See. In den ehrwürdigen Gemäuern war einst die Schmiede des gegenüberliegenden Stiftes Ossiach untergebracht. Ursprünglich um 900 errichtet, wurde sie zur jüngsten Jahrtausendwende in ein exzellentes Fischspezialitätenrestaurant umgewandelt. Seither überzeugt Gerhard Satran mit seinen Kochkünsten nicht nur Fischliebhaber und Gourmetkritiker, sondern auch all jene, die zunächst nur wegen des einzigartigen Ambientes hierherkommen.

Der Wirt selbst steht an der ehemaligen Esse und bereitet vor den Augen der Gäste alle Gerichte auf offenem Feuer zu. Neben fangfrischen Süßwasserfischen, vornehmlich vom Millstätter See oder aus der Inneren Gurk bei Sirnitz, sind es frische Meeresfrüchte und eine kleine, aber feine Auswahl an vegetarischen und Fleisch-Gerichten, mit denen Satran seine Gäste verwöhnt. Dazu gibt es eine erlesene Selektion vornehmlich österreichischer Weine, unter denen sich auch so mancher Newcomer befindet: Herr Mirel, der Weincapo des Hauses, ist bestrebt, neben bekannten Winzern auch kleinere Weinbaubetriebe aufzustöbern und auf die Karte zu setzen.

Ein Brand zerstörte im Sommer 2012 einen Großteil des denkmalgeschützten Gebäudes. Innerhalb weniger Monate wurde die Stiftsschmiede jedoch umgebaut und liebevoll restauriert, und schon im Mai 2013 fand die Wiedereröffnung statt. Das Gute daran: In der neuen Stiftsschmiede kann man auch etwas länger bleiben. Im oberen Stock des Gebäudes wurden nämlich vier geschmackvolle Suiten mit Balkon und herrlicher Aussicht auf den See eingerichtet. Die Übernachtung beinhaltet ein Genießerfrühstück und kann auf Wunsch auch mit Halbpension gebucht werden. Und das ist in Anbetracht der Kochkünste des Hausherrn wahrlich zu empfehlen.

Waller (Wels) mit Eierschwammerl-Jungzwiebel-Ragout

Dieses Rezept finden Sie auf Seite 111

STIFTSSCHMIEDE
Fischrestaurant & Bar am See
Gerhard Satran
Ossiach 4
A-9570 Ossiach
Telefon 00 43 (0) 42 43 / 4 55 54
www.stiftsschmiede.at

REZEPTE

Im gepflegten Ambiente des Gasthofs Feichter munden die Apfelnudeln nach Omas Rezept mit hausgemachtem Minzeis besonders gut

FEICHTERS APFELNUDELN NACH OMAS REZEPT MIT HAUSGEMACHTEM KÄRNTNER MINZEIS

Gasthof Feichter, Seite 66

ZUTATEN FÜR 4 PERSONEN

FÜR DEN NUDELTEIG:

1 Ei,
1,5 EL Öl,
5 EL lauwarmes Wasser,
200 g Durum-Hartweizengrieß von der Finkensteiner Nudelfabrik

FÜR DIE FÜLLE:

6 mittelgroße Äpfel,
70–80 g Semmelbrösel (je nach Konsistenz der Äpfel),
Zucker nach Bedarf (je nach Süße der Äpfel),
1/2 TL Zimt,
2 cl Rum,
etwas Mehl zum Ausrollen des Teigs,
Butter, zerlassen,
Honig

FÜR DEN KÄRNTNER MINZSIRUP:

2 EL Zitronensaft,
2 Bund frische Kärntner Nudelminze (oder auch Pfefferminze),
1 l Wasser,
300 g Zucker

FÜR DAS KÄRNTNER MINZEIS:

2 Eigelb,
100 g Zucker,
350 ml Milch,
Mark einer Vanille,
200 g Obers,
1 Prise Salz

ZUBEREITUNG

Für den Teig Ei, Öl und Wasser vermengen, Durum beigeben und zu einem feinen Teig kneten. Anschließend den Teig in Frischhaltefolie 30 Minuten im Kühlschrank ruhen lassen.

Für die Fülle Äpfel raspeln und den Saft fest in einem Tuch ausdrücken. Brösel in etwas Butter anrösten, Zucker, Zimt und Rum hinzufügen, die Äpfel beimengen. Aus der Apfelmasse vier kleine Knödel formen. Danach den Teig dünn ausrollen und Kreise von circa 10 Zentimeter Durchmesser ausstechen. Die Knödel auf den ausgestochenen Nudelteig legen, den Teig übereinanderschlagen, die Enden zusammendrücken und randeln. Butter zerlassen und Honig einrühren.

KÄRNTNER MINZEIS: Als Erstes muss der Minzsirup hergestellt werden. Dafür den Zitronensaft und die gewaschenen Minzeblätter in das Wasser geben. Die Blätter müssen vollständig vom Wasser bedeckt sein. Den Topf circa zwei bis drei Tage kühl und dunkel stehen lassen. Das Wasser mit den Minzeblättern aufkochen lassen und danach abseihen. Am besten die Blätter im Sieb noch einmal kräftig über dem Wasser auspressen. Den Zucker zum Wasser geben und die Masse circa 30 Minuten im offenen Topf köcheln lassen. Den Sirup in ein heiß ausgewaschenes Glas geben und abkühlen lassen (ergibt ca. 300 bis 400 ml Sirup).

Für das Minzeis Eigelb und Zucker einige Minuten zu einer cremigen Masse schlagen. 250 ml der Milch erhitzen (nicht kochen!), die Ei-Zucker-Mischung und Vanillemark langsam einrühren, Topf vom Herd nehmen und abkühlen lassen. Obers, die restliche Milch und 300 ml des Minzsirups einrühren.

Die Masse in einer eiskalten Edelstahlschüssel mit Folie abgedeckt 1 Stunde ins Tiefkühlfach geben. Dann die Folie abnehmen und mit dem Handmixer auf höchster Stufe aufschlagen, bis die Masse eine gleichmäßige Konsistenz hat. Die Oberfläche mit einem Löffel glatt streichen, das Eis wieder mit Folie abdecken und erneut ins Tiefkühlfach stellen. Den Vorgang drei bis vier Mal wiederholen, bis die Eismasse fest ist.

Polenta-Tascherl (l.) aus dem Umadum, Erdäpfelpalatschinken (M.) von Gregor Mischkulnig und Lachsfilet mit Röstgemüse und Kartoffeln (r.)

POLENTA-TASCHERL

Wirtshaus Umadum, Seite 68

ZUTATEN FÜR 4 PERSONEN

FÜR DEN NUDELTEIG:

500 g Nudeldunst,
5 Bauerneier,
3 EL Olivenöl, Salz

FÜR DIE POLENTA:

0,25 l Milch, 0,25 l Geflügelfond,
2 EL Butter, 1 Knoblauchzehe, Muskat,
Rosmarin, Salz und Pfeffer,
100 g Polentagrieß

ZUM ANRICHTEN:

1 EL Butter, 50 g Hirschschinken,
gedörrte Weichseln (Sauerkirschen),
Waldklee, gereifter Gouda oder
Parmesan

ZUBEREITUNG

Für den Nudelteig alle Zutaten mit genügend Wasser zu einem Teig verkneten. Für die Polentafüllung Fond und Milch mit den Gewürzen aufkochen lassen, Polentagrieß einrühren und mit einem Deckel im Backrohr circa 20 Minuten garen.
Fülle auskühlen lassen. Nudelteig dünn ausrollen, mit der Polenta füllen und mit einem Ausstecher zu kleinen Tascherln formen. Im Salzwasser kurz kochen, in Butter schwenken und mit dem dünn geschnittenen Hirschschinken, Weichseln und gewaschenem Waldklee anrichten. Mit frisch geriebenem Parmesan oder gereiftem Gouda servieren.

ERDÄPFELPALATSCHINKEN

Mischkulnig vlg. Happe, Seite 70

ZUTATEN FÜR 6 PERSONEN

FÜR DEN PALATSCHINKENTEIG:

100 g helles Mehl (Type 480),
200 g Milch, 1/16 l Wasser,
3 ganze Eier, 1 Eigelb

FÜR DIE FÜLLE:

300 g Erdäpfel, mehlig gekocht,
200 g Bio-Schaffrischkäse,
frische Kräuter, Salz und Pfeffer

ZUM ANRICHTEN:

Blattsalate, Apfelessig,
Sonnenblumenkernöl, Butter

ZUBEREITUNG

Für die Fülle die gekochten Erdäpfel durch eine Erdäpfelpresse drücken. Den Schafkäse hinzufügen, mit Kräutern verfeinern, salzen und pfeffern.
Die Masse in der Kuchenmaschine mit Knethaken durchrühren oder mit den Händen gut durchdrücken.
Dann mit den angegebenen Zutaten die Palatschinken zubereiten und anschließend mit der Erdäpfel-Schafkäse-Masse zu drei Viertel füllen und einrollen. Bei 120 °C im Backofen mit Alufolie abgedeckt erwärmen.

ANRICHTEN

Den Salat mit der Sonnenblumenöl-Apfelessig-Marinade abschmecken. Die Erdäpfelpalatschinken aufschneiden und dazulegen. Mit brauner Butter nach Belieben übergießen.

LACHSFILET MIT RÖSTGEMÜSE

Gasthaus Stefaner, Seite 72

ZUTATEN FÜR 4 PERSONEN

700 g Lachsfilet (Mittelstück),
etwas Saft von 1 unbehandelten
Zitrone,
200 g Zucchini, 1 Stück Fenchel,
je 1 grüne und rote Paprika,
90 g Jungzwiebel, Olivenöl, Oregano,
Rosmarin, 2 Knoblauchzehen ,
10 Cocktailtomaten,
1/4 Bund Petersilie, gehackt,
Salz und frisch gemahlener Pfeffer

ZUBEREITUNG

Das Lachsfilet waschen, abtrocknen, in vier Filetstücke schneiden und mit Salz, Pfeffer und Zitronensaft würzen.
Zucchini, Fenchel sowie die beiden Paprikas waschen, putzen und in Streifen schneiden. Die Jungzwiebel putzen und in Ringe schneiden. Den Fenchel und die Zucchini kurz in Salzwasser überkochen.
Das Lachsfilet von beiden Seiten in Öl anbraten und zugedeckt auf kleiner Flamme circa 15 Minuten fertig garen.
Olivenöl erhitzen, die Zwiebel darin kurz anschwitzen, das geschnittene Gemüse (Paprika, Zucchini, Fenchel) mitanrösten und mit Salz, Pfeffer, Oregano, Rosmarin und gehackten Knoblauchzehen würzen. Die Cocktailtomaten waschen, halbieren und mit gehackter Petersilie unter das Gemüse mischen. Kurz weiterrösten.
Als Beilage passen z. B. Salzkartoffeln.

REZEPTE

G`schmackige Fleischgerichte: Hollenburger Burgherrenschnitzel (l.) und das saftige Steak vom Kärntner Almochsen in der Pinienkruste (M.)

HOLLENBURGER BURG-HERRENSCHNITZEL

Radgasthof Schütz, Seite 74

ZUTATEN FÜR 4 PERSONEN

4 Kalbschnitzel à 160 g,
16 dünne Scheiben Schinkenspeck,
4 Scheiben Bergkäse,
20 g Butterschmalz,
1 kleine Zwiebel,
200 g frische Waldpilze
(Eierschwammerl, Herrenpilze),
1 Schuss Rotwein,
0,25 l Jus (Bratensaft),
0,1 l Schlagobers,
1 TL Maizena,
Salz und Pfeffer

ZUBEREITUNG

Die Kalbschnitzel klopfen, mit Schinkenspeck belegen, Bergkäse über den Schinkenspeck legen und zusammenklappen. In einer Pfanne das Butterschmalz erhitzen und darin die Schnitzel von beiden Seiten anbraten.
Die Schnitzel aus der Pfanne nehmen, in derselben Pfanne die fein gehackten Zwiebelwürfel anbraten und die geschnittenen Pilze dazugeben und dünsten, bis das Wasser verkocht ist. Mit Rotwein ablöschen, den Jus hinzufügen, die Schnitzel wieder hineinlegen und fertig dünsten. Zum Schluss den Schlagobers dazugeben (nicht mehr kochen lassen!) und mit Salz und Pfeffer abschmecken. Bei Bedarf mit Maizena binden.

STEAK VOM KÄRNTNER ALMOCHSEN IN DER PINIENKRUSTE MIT ERDÄPFELPRALINEN

Schweizerhaus – Restaurant am Kreuzbergl, Seite 82

ZUTATEN FÜR 5 PERSONEN

1 Rinderfilet vom Kärntner
Almochsen (ca. 1 kg),
1 kg Kartoffelpralinen
(kleine Kartoffeln in der Schale),
Rosmarin

FÜR DIE KRUSTE:

150 g Butter,
300 g Toastbrot,
200 g Pinienkerne,
Salz und Pfeffer

FÜR DIE SAUCE:

etwas Butter,
kräftiger Rotwein,
1/8 l Wasser,
Rosmarinzweig

ZUBEREITUNG

Das Rinderfilet putzen, in ungefähr 200 Gramm schwere Stücke schneiden, scharf anbraten und mit Salz, frisch gemahlenem Pfeffer und etwas Rosmarin würzen.
Für die Kruste die Butter schaumig rühren, das entrindete und in Würfel geschnittene Toastbrot darunterrühren, Pinienkerne dazugeben, würzen und weiter rühren, bis alles zusammen eine glatte Masse bildet. Dann die Pinienkernmasse in einer Folie zu einer kleinen Stange formen und etwa 30 Minuten kühlen lassen.
Die Kartoffeln in Salzwasser weich kochen, abgießen und anschließend in Olivenöl mit frischem Rosmarin anbraten.
Nun auf das angebratene Steak die ausgekühlte Pinienkernmasse für die Kruste aufstreichen und im Ofen bei reiner Oberhitze circa 5 Minuten überbacken, bis sie zart rosa ist.
Aus der Pfanne kann man noch einen schönen Saft ziehen. Dazu nimmt man etwas Butter, einen kräftigen Rotwein und etwas Wasser. Zunächst das Steak herausnehmen, dann die Butter in der Pfanne zerfließen lassen, sodass sie etwas braun wird. Mit dem Rotwein ablöschen, das Wasser dazugeben und einkochen lassen. Salz, Pfeffer und ein Rosmarinzweigerl dazugeben und reduzieren lassen, bis eine schöne Sauce entsteht.

ANRICHTEN

Die Kartoffelpralinen anrichten, den Saft unter das Fleisch geben, damit die Kruste schön zur Geltung kommt, und servieren.

Das Zandersteak in der Kräuterkruste (l.) wird im Restaurant Maria Loretto am Wörthersee (M.) serviert. Rechts: eine Schweinefiletspezialität

WÖRTHERSEE-ZANDER-STEAK IN DER KRÄUTER-KRUSTE

Restaurant Maria Loretto, Seite 84

ZUTATEN FÜR 4 PERSONEN

FÜR DAS ZANDERSTEAK:

600 g Zandersteak,
Salz, 1/2 Zitrone,
Worcestersauce, Fischgewürz,
Pfeffer aus der Mühle,
Olivenöl und Butter, Knoblauch

FÜR DIE KRÄUTERKRUSTE:

4 Scheiben Toastbrot, 40 g flüssige Butter, frische Kräuter (wie Dill, Petersilie, Basilikum)

FÜR DIE ROSMARINKARTOFFELN:

ca. 1 kg festkochende Kartoffeln, Butter, 4 Rosmarinzweige, Fleur de Sel (oder ein anderes beliebiges Salz)

FÜR DAS MEDITERRANE GEMÜSE:

je 1 rote und grüne Paprika,
1 mittelgroße Zwiebel (Gemüsezwiebel),
Olivenöl zum Anbraten, 1 Aubergine,
2 kleine Zucchini, 1 kleiner Becher Cherrytomaten, Oliven, frische Kräuter, Kräutersalz, frisch gemahlener schwarzer Pfeffer

ZUBEREITUNG

Um die Kräuterkruste vorzubereiten, zunächst das Toastbrot entrinden und in einer Küchenmaschine zerkleinern. Anschließend gehackte Kräuter wie beispielsweise Dill, Basilikum und Petersilienblätter hinzugeben und diese so lange rühren, bis die Masse grün und bröselig geworden ist.

Das Fischfilet in vier gleich große Stücke teilen und mit Salz, Zitrone, Worcestersauce, Fischgewürz und Pfeffer aus der Mühle würzen. Ein Backblech mit Olivenöl bestreichen. Die Hautseite des Fisches mit zerriebenem Knoblauch und flüssiger Butter bestreichen und in die anfangs zubereitete Panade (Kräuterkruste) legen (Vorsicht: nicht zu viel!). Die Panade leicht andrücken und lichte Stellen extra beträufeln.

Anschließend den Backofen auf 220 °C vorheizen. Die Fischfilets auf das Blech legen und in die oberste Schiene schieben. Garzeit: circa 5 bis 10 Minuten – je nach Dicke des Fisches. In den letzten Minuten den Backofengrill zuschalten. Die Kräuterkruste sollte etwas bräunlich werden.

BEILAGEN: Die Kartoffeln schälen, bissfest kochen, abtropfen, in Butter schwenken und mit Rosmarin und Fleur de Sel abschmecken.

Das mediterrane Gemüse in Streifen schneiden. Dann zuerst Paprika und Zwiebel in Olivenöl anbraten, anschließend das restliche Gemüse nacheinander dazugeben. Wenn das Gemüse bissfest geschmort ist, die Kräuter hinzugeben und nach Belieben würzen.

SCHWEINEFILET MIT STEINPILZKRUSTE UND RAHMZUCCHINI

Gasthof Joainig, Seite 86

ZUTATEN FÜR 4 PERSONEN

FÜR DIE SCHWEINEFILETS:

2 Schweinefilets à 300 g, küchenfertig,
1 EL Speiseöl zum Braten,
1/2 EL mittelscharfer Senf zum Bestreichen,
frische Kräuter zum Garnieren,
Salz und frisch gemahlener Pfeffer

FÜR DIE STEINPILZKRUSTE:

100 g Steinpilze,
100 g Butter, Zimmertemperatur,
1 Eidotter,
1 EL frische Kräuter, fein gehackt (Rosmarin, Thymian, Kerbel, Petersilie),
2 EL Weißbrotbrösel, 1 TL Knoblauchöl,
Salz und Pfeffer aus der Mühle

FÜR DIE RAHMZUCCHINI:

100 g Karotten, in 5-mm-Würfel geschnitten, 1 EL Zwiebelwürfel,
1 EL Butter, 200 g Zucchini, in 5-mm-Würfel geschnitten,
1 TL edelsüßes Paprikapulver,
100 ml Sahne, 1 Prise Thymian,
1 EL geschlagene Sahne,
Salz und Pfeffer aus der Mühle

ZUBEREITUNG

Für die Schweinefilets den Ofen auf 140 °C (Heißluft) vorheizen. Filets trocken tupfen, mit Salz und Pfeffer aus der Mühle würzen und in heißem Öl rundherum kurz anbraten. Fleisch auf

Zum Filet vom Kärntner Låxn mit Artischocken und Erdäpfel-Kresse-Püree (M.) gibt`s im Hotel Schloss Seefels das Panorama gratis dazu

ein Gitter setzen und im vorgeheizten Ofen etwa 12 bis 14 Minuten braten. Aus dem Backofen nehmen und ein paar Minuten ruhen lassen. Anschließend mit Senf einpinseln, die Steinpilzkruste (s. u.) darauf verteilen und unter dem Ofengrill (obere Schiene) bei 220 °C goldbraun überbacken. Nochmals ein paar Minuten ruhen lassen. Für die Steinpilzkruste die Pilze fein würfeln und in etwas Butter braten. Dann die weiche Butter mit Eidotter weiß-schaumig aufschlagen. Kräuter, Steinpilze und Weißbrotbrösel unterrühren und mit Knoblauchöl, Salz und frisch gemahlenem Pfeffer abschmecken.
Für die Rahmzucchini die Karottenwürfel kurz in Salzwasser blanchieren und kalt abschrecken. Zwiebelwürfel in Butter ohne Farbe andünsten, Karotten- und Zucchiniwürfel dazugeben und kurz mitdünsten. Paprikapulver unterrühren, mit der Sahne auffüllen und cremig einkochen. Mit Salz, frisch gemahlenem Pfeffer und etwas Thymian abschmecken und mit geschlagener Sahne verfeinern.

ANRICHTEN

Die Rahmzucchini in einem tiefen Teller anrichten, Schweinefilets aufschneiden und daraufsetzen und mit frischen Kräutern servieren. Als Beilage empfehlen wir Kartoffelmandelbällchen.

FILET VOM KÄRNTNER LÅXN MIT ARTISCHOCKEN UND ERDÄPFEL-KRESSE-PÜREE

Hotel Schloss Seefels, Seite 88

ZUTATEN FÜR 4 PERSONEN

4 Låxnfilets (Kärntner Seeforelle) à 150 g, Salz und Pfeffer, Zitronensaft, Koriander, gemischte Kräuter, gehackt, kalt gepresstes Olivenöl

FÜR DIE ROH MARINIERTEN ARTISCHOCKEN:

4 Artischocken, Zitronensaft, 2 Paradeiser (Tomaten), Olivenöl, Basilikum, Petersilie, 60 g Parmesan, Salz und Pfeffer

FÜR DAS ERDÄPFEL-KRESSE-PÜREE:

300 g mehlig kochende Erdäpfel, geschält und geviertelt, 1/4 l Milch, 1/8 l Olivenöl, kalt gepresst, Muskat, 300 g Brunnenkresse-Blätter (Rucola, Spinat), gezupft, Salz und Pfeffer

ZUBEREITUNG

Die Låxnfilets von beiden Seiten mit Salz, Pfeffer, Zitronensaft und Koriander würzen und mit Kräutern und Olivenöl marinieren. Etwas Olivenöl in eine Pfanne geben, Filets hineinsetzen und gut mit Olivenöl einreiben. Rohr auf 140 °C vorheizen, Pfanne hineingeben und den Fisch circa 4 bis 5 Minuten glasig garen. Sofort anrichten.
BEILAGEN: Von den Artischocken den Strunk abbrechen, dann den Strunkbereich gerade schneiden und die Blütenblätter abschneiden (an der rundum verlaufenden Vertiefung orientieren und direkt dahinter abschneiden). Mit einem Messer die grünen Blütenblätter so weit entfernen, bis nur noch der Artischockenboden mit dem Heu übrig bleibt. Mit einem Löffel vorsichtig das Heu ausschaben. Die Artischocke von allen Seiten mit etwas Zitronensaft einreiben.
Den Strunk der Paradeiser entfernen und an der gegenüberliegenden Seite kreuzförmig einschneiden. Für 10 bis 15 Sekunden in kochendes Wasser tauchen und danach rasch im Eiswasser abkühlen. Paradeiser vierteln, Kerne herausschneiden und Filets in Würfel schneiden. Etwas Zitronensaft in eine Schüssel geben, eine Prise Salz und einen Schuss Olivenöl dazugeben, gut vermischen. Artischockenböden dünn hineinhobeln, Paradeiserwürfel, geschnittene Kräuter und Parmesan dazugeben, würzen und abschmecken. Marinade nach Bedarf mit etwas Wasser verlängern. Pikant abschmecken.
Für das Erdäpfel-Kresse-Püree die Kartoffeln in Salzwasser weich kochen und passieren. Milch mit Olivenöl, etwas Salz, Muskat und Pfeffer aufkochen. Brunnenkresse-Blätter zur Milch geben, einmal aufkochen lassen und mit einem Stabmixer gut durchmixen. Milch zu den Erdäpfeln geben und ein cremiges Erdäpfel-Kresse-Püree herstellen. Nochmals abschmecken.

Raffiniertes vom 2-Hauben-Koch Hubert Wallner aus dem See Restaurant SAAG-JA (M.): Rinderfilets (l.) und der Besoffene Kapuziner (r.)

ZWEIMAL RIND – GESCHMORT & SOUS VIDE – MIT SCHWARZWURZELN

See Restaurant SAAG – JA, Seite 90

ZUTATEN FÜR 4 PERSONEN

4 Rinderfilet à 140 g,
200 g Fledermaus bzw. Schalblattel (Muskel im oberen Teil der Rinderkeule),
Senf, Wurzelgemüse (100 g Sellerie, Karotten, gelbe Rüben), 1/8 l Rotwein, 1 l Gemüsefond, je 1 Zwiebel und Knoblauch, 2 St. Lorbeer, 5 St. Wacholder, etwas Fenchelsamen, Salz und frisch gemahlener Pfeffer

FÜR DIE BEILAGE:

5 Schwarzwurzeln, Kokosfett, Nussbutter, 100 g Sauerrahm, Zitronensaft, Gartenkräuter, Olivenöl, 200 g Bresaola, Salz und frisch gemahlener Pfeffer

ZUBEREITUNG

Die Rinderfilets vakuumieren oder in Frischhaltefolie einpacken und bei 60 °C circa 14 Minuten rosa garen. Vor dem Anrichten mit Salz und Pfeffer würzen und nochmals auf einem Grill anbraten.
Das Wurzelgemüse in einem Topf goldbraun rösten, herausnehmen. Die Fledermaus mit Salz, Pfeffer und Senf würzen und von beiden Seiten gut anbraten. Nun das Röstgemüse hinzufügen und mit Rotwein und Gemüsefond aufgießen, die Gewürze hinzugeben und die Fledermaus für circa 2 Stunden weich schmoren. Aus dem Fond nehmen und auskühlen lassen. Danach die Fledermaus in Scheiben schneiden und anschließend „brunoise“, also in sehr kleine Würfel (1–2 mm), schneiden. Den Schmorfond passieren und um die Hälfte reduzieren lassen, dann die Fledermaus hinzufügen und falls nötig nochmals mit Salz, Pfeffer und Senf abschmecken.
Für die Beilage zunächst eine der fünf Schwarzwurzeln waschen, putzen und schälen. Mithilfe einer Aufschnittmaschine in dünne Scheiben schneiden und in heißem Kokosfett frittieren. Auf einem Küchenpapier abtropfen lassen und etwas salzen. Dann die restlichen Schwarzwurzeln waschen, putzen und mit etwas Nussbutter vakuumieren und im Dampf bei 90 °C circa 1 Stunde pochieren. Herausnehmen und sofort schälen. Die Schwarzwurzeln panieren und im heißen Kokosfett bei 180 °C backen.
Den Sauerrahm mit Salz, Pfeffer und etwas Zitronensaft würzen, die Gartenkräuter mit etwas Olivenöl und Zitronensaft marinieren. 100 Gramm Bresaola fein schneiden, im Ofen bei 60 °C trocknen und die Chips als Garnitur verwenden.

ANRICHTEN

Die Schwarzwurzeln halbieren und auf das Fledermausragout setzen. Mit Sauerrahm füllen und mit Gartenkräutern ausgarnieren beziehungsweise die marinierten Gartenkräuter in die angerichtete Schwarzwurzel stecken. Nun 100 Gramm des frisch geschnittenen Bresaola sowie die im Ofen getrockneten Bresaola-Chips und die Schwarzwurzelchips anrichten. Das Rinderfielt kurz am Grill erhitzen, aufschneiden und links neben den Schwarzwurzeln platzieren.

BESOFFENER KAPUZINER

ZUTATEN FÜR 4 PERSONEN

1. MALZKUCHEN:

3 Eier, 200 g Zucker, 100 g Crème fraîche, 200 g Mehl, 5 g Backpulver, 75 g Butter, 10 g Malz, 100 g Hefebier, 20 g Holundersirup

ZUBEREITUNG

Bis auf das Bier und den Sirup alle Zutaten zu einem glatten Teig verarbeiten. In ein gebuttertes Blech einfüllen und bei circa 160 °C für 40 Minuten backen. Auskühlen lassen und anschließend mit der Aufschnittmaschine in gleich große Scheiben schneiden. Vor dem Anrichten diese Scheiben in Hefebier mit Holundersirup tunken.

2. INGWER-SORBET:

400 g Wasser, 100 g Zucker, 3 EL Ingwer, frisch gerieben, 2 EL Limonenschale, frisch gerieben, 150 g Limonensaft

ZUBEREITUNG

In einem Topf Wasser, Zucker, Ingwer vermischen und aufkochen lassen.

Allerhöchster Genuss: das Tatar vom Rinderfilet (M.) aus dem Restaurant Caramé (l.). Rechts: Milchkalb-Variationen mit Spargel ...

Dabei gut umrühren. Anschließend Limonenschale und -saft dazugeben und circa 4 Minuten köcheln lassen. Vom Herd nehmen, erkalten lassen und mit der Eismaschine gefrieren.

3. HIMBEEREN:

Insgesamt 400 g Himbeeren, Olivenöl, Fruchtzucker

ZUBEREITUNG

100 Gramm Himbeeren mit Olivenöl und Fruchtzucker leicht marinieren. Die nächsten 100 Gramm Himbeeren einfrieren und, sobald diese ganz gefroren sind, mithilfe eine Plattiereisens zerklopfen und die Segmente sofort wieder in den Tiefkühler zurücklegen. Kurz vor dem Servieren die Segmente auf den Teller setzen. Die restlichen Himbeeren aufmixen und durch ein Etamin pressen. Den daraus gewonnenen Saft beim Einstellen vor dem Gast über das Ingwer-Sorbet gießen.

4. HIMBEER-SODA:

100 g Himbeer-Mark, 50 g Soda

ZUBEREITUNG

Alles in einen ISI-Sifon geben und mit 2 CO_2 Kapseln und einer Sodakapsel unter Druck setzen.

5. BRAUNE HIRSE:

Die braune Hirse in heißem Kokosfett frittieren und auf einem Küchenpapier abtropfen lassen. Zu guter Letzt den Kapuziner mit Sauerklee ausgarnieren.

TATAR VOM RINDERFILET MIT GELIERTER OCHSENSCHLEPPESSENZ, KAVIAR UND WACHTELEI

P. S. Gastronomie und Handels GmbH
Restaurant Caramé, Seite 92–95

ZUTATEN FÜR 4 PERSONEN

200 g Rinderfilet, fein gehackt,
0,6 l gelierte Ochsenschleppessenz (oder Rindssuppe),
4 Wachteleier, paniert und ausgebacken,
40 g Ossietra-Kaviar,
je 8 Karotten-, Sellerie- und Zucchinischeiben, in Rauten geschnitten

FÜR DIE MARINADE:

50 g Essiggurken, fein würfelig geschnitten,
10 g Kapern, 5 g Sardellen,
15 g Senf, 100 g Ketchup,
1 Messerspitze Sambal Oelek,
1 TL Worcestersauce,
1 TL Paprikapulver,
30 g Traubenkernöl,
5 g Salz, Pfeffer

ZUBEREITUNG

Die Zutaten für die Marinade vermengen, anschließend damit das Fleisch nach Geschmack vermischen. Einen Teller mit der leicht flüssigen Essenz ausgießen und die blanchierten Rauten einsetzen. Danach circa 10 Minuten kalt stellen. Das Tatar mit einem Ring auf die gelierte Ochsenschleppessenz geben und mit dem Wachtelei und dem Kaviar verzieren.

VARIATIONEN VOM MILCHKALB MIT LAVANTTALER SPARGEL UND KERBELWURZEL

Feines Haus – Rudolf Frierss & Söhne,
Seite 98–101

ZUTATEN FÜR 4 PERSONEN

FÜR DAS KALBSFILET IM KERBEL-/PETERSILIENMANTEL:

270 g Kalbsfilet, geputzt,
50 g Petersilienblätter, 70 g Kerbel,
200 g getrocknetes Weißbrot,
2 St. Eiweiß,
120 g Butter,
Salz, Pfeffer

FÜR DIE KALBSZUNGE:

100 g gekochte, gepökelte Kalbszunge,
100 ml reduzierter Madeira,
100 ml Kalbsjus

FÜR DAS KALBSKOMPOTT:

50 g geschmorte Kalbsbackerl,
40 g gepresster Kalbskopf,
40 g geschmorter Kalbsschwanz,
30 g Wurzelgemüse, gewürfelt,
250 ml Kalbsjus,
20 g Petersilie, gehackt

FÜR DEN GESCHMORTEN LAVANTTALER SOLOSPARGEL:

4 Stangen weißer Solospargel,
100 g Butter,
Salz, Zucker

EINGELEGTER GEHOBELTER SPARGEL:

1 Stange Solospargel, geschält,
60 ml Mohnöl

... aus dem mehrfach ausgezeichneten Feinen Haus (l. und M.) in Villach. Köstlich auch das Waller-Gericht (r.) aus der Stiftsschmiede

FÜR DIE KERBELWURZELCHIPS:
1 Kerbelknollen,
200 ml Pflanzenfett zum Frittieren

FÜR DIE KERBELWURZELCREME:
300 g Kerbelwurzeln,
Olivenöl zum Anschwitzen,
100 ml trockener Weißwein,
Salz, grüner Kardamom,
300 ml Kerbelwurzelsaft

FÜR DEN KARTOFFELSCHAUM:
200 g Kartoffelpüree,
100 g Crème fraîche,
30 g Nussbutter

ZUBEREITUNG

Das Kalbsfilet mit Salz und Pfeffer würzen, in Alufolie eindrehen und im vorgeheizten Ofen bei 125 °C circa 10 Minuten garen. Aus der Folie nehmen und im Hold-o-mat bei 58 °C 15 Minuten rasten lassen. Petersilienblätter und Kerbel mit dem getrockneten Weißbrot in einem Mixer oder Cutter fein mixen und durch ein feines Mehlsieb seihen.
Das Kalbsfilet mit dem Eiweiß einpinseln, durch die Kräuterbrösel rollen und den Vorgang noch einmal wiederholen. Die Butter in einer Pfanne aufschäumen lassen, das Filet darin unter ständigem Bewegen knusprig backen, herausnehmen und auf einem Küchenpapier trocken tupfen.
Die Kalbszunge in feine Würfel schneiden, Madeira und Kalbsjus aufkochen, die Zungenwürfel einlegen und nicht mehr kochen lassen.
Für das Kalbskompott die genannten Zutaten mischen und bei kleiner Hitze langsam einkochen lassen.
Für den geschmorten Lavanttaler Spargel den Spargel schälen, in eine halbhohe Cocotte legen und zu einem Viertel mit Wasser bedecken. Mit Salz und Zucker würzen und mit Alufolie gut verschließen. Im vorgeheizten Backofen bei 170 °C 13 bis 17 Minuten garen.
Die geschälte Solospargelstange auf der Aufschnittmaschine in hauchdünne Scheiben schneiden, diese mit dem Mohnöl bedecken und mindestens 2 Stunden marinieren lassen.
Für die Kerbelwurzelchips die Kerbelwurzeln gut waschen (nicht schälen) und auf der Aufschnittmaschine in ganz feine Scheiben schneiden. In Pflanzenfett bei 140 °C knusprig ausbacken, auf Küchenpapier legen und leicht salzen.
Für die Kerbelwurzelcreme die Kerbelwurzeln schälen und klein schneiden, in Olivenöl (ohne Farbe) anschwitzen und mit etwas trockenem Weißwein ablöschen. Salz und etwas grünen Kardamom zugeben. Den Wein ganz wegkochen lassen, mit frisch entsaftetem Kerbelwurzelsaft aufgießen und richtig weich kochen. Mit dem Stabmixer oder einer Moulinette fein mixen und durch ein feines Sieb streichen.
Für den Kartoffelschaum das warme Püree mit den anderen Zutaten vermischen und in eine ISI-Flasche füllen. Mit zwei CO_2-Kapseln versetzen und im Wasserbad warmstellen.

WALLER (WELS) MIT EIERSCHWAMMERL-JUNGZWIEBEL-RAGOUT

Stiftsschmiede, Seite 102

ZUTATEN
2 Wallerfilets à 150 g, 160 g Eierschwammerl, 80 g Jungzwiebel, Butter, 1/8 l Gemüsefond, Obers (Sahne), Thymian, Weißwein, Abrieb von 1 unbehandelten Zitrone, Salz und frisch gemahlener Pfeffer

ZUBEREITUNG

Eierschwammerl und Jungzwiebel in kleinere Stücke schneiden und in Butter anschwitzen. Mit Salz und Pfeffer würzen. Mit Gemüse- oder Hühnerfond und Sahne/Obers aufgießen und bei 180 °C im Ofen garen.
Welsfilet beidseitig mit Salz und Pfeffer würzen. Fisch mit der Hautseite nach oben auf das angegarte Eierschwammerl-Zwiebel-Ragout legen. Etwas Thymian und Butter auf den Fisch legen und mit Weißwein aufgießen. Den Fisch für rund 10 Minuten ins Backrohr geben, dabei sollte er eine Kerntemperatur von 50 bis 53 °C erreichen. Den beim Garen entstandenen Fond abgießen, kalte Butterstücke beimengen und mit dem Stabmixer aufschäumen.

ANRICHTEN

Den Wels auf dem Eierschwammerl-Jungzwiebel-Ragout anrichten, mit aufgeschäumtem Fond und frischem Zitronenabrieb verfeinern.

Der Himmel auf Erden: Die berühmten Nockberge Almrinder wachsen unter besten Bedingungen auf

LAND DER ALMEN

In den Gurktaler Alpen

Vom Klagenfurter Becken nordwärts bis über die steirische Grenze erstreckt sich mit den Gurktaler Alpen ein Gebirgszug, den man in seiner malerischen Anmut wohl als Sinnbild für die vielbesungene Schönheit der Kärntner Landschaft sehen könnte. Vor allem der Nationalpark Nockberge mit seinen zahlreichen, sanft geschwungenen Bergkuppen, die bis über 2400 Meter über den Meeresspiegel ragen, scheint vom lieben Gott extra zum „Erwandern" erschaffen worden zu sein. Die Nockberge bilden den westlichsten Teil der Gurktaler Alpen, in der gleich mehrere Kärntner „Genussregionen" beheimatet sind. Und die kann man als kulinarischer Wanderer am besten in den zahlreichen Almhütten und Gasthöfen des Gebietes erkunden.

Da gibt es zum einen das berühmte Nockberge Almrind. Naturnahe Haltung und die Sommerweide auf einer der hochgelegenen Almen bieten die Grundlage; die Veredelung des hochwertigen Fleisches nach althergebrachten, bäuerlichen Rezepturen sorgt für den Rest: Das Fleisch des Nockberge Almrindes ist besonders fein marmoriert und saftig, der köstliche Geschmack beinahe schon legendär. Kenner meinen sogar, bei jedem Bissen die Aromen der hochwertigen Kräuter und Gräser, die die Rinder während des Sommers auf der Nockalm vorfinden, herauszuschmecken. Nicht weit davon – im Metnitztal – ist die älteste und größte Hegegemeinschaft Kärntens zu Hause. Auf insgesamt mehr als 50 000 Hektar in Kärnten und in der benachbarten Steiermark sind über 100 Einzeljagden zusammengefasst. Wildfleisch aus dem Metnitztal steht bei den Feinschmeckern der Region seit vielen Jahren hoch im Kurs und hat sich zu einem der bedeutendsten Wirtschaftszweige des Gebietes entwickelt. Über den „Ab-Wald-Verkauf" gelangt das Metnitztaler Wild direkt von der Jägerschaft in die vielen traditionellen Wirtshäuser der gesamten Region.

Weniger auf Frische, denn auf ausreichend Reifezeit kommt es bei einer Spezialität aus dem ersten europäischen Klimabündnistal, dem Gurktal, an: Beim „Gurktaler Luftgeselchten Speck" erfolgt die Reifung nach dem Einwirken der Salze und Gewürzmischungen nicht durch Räuchern, sondern ausschließlich an der reinen Gurktaler Luft – eben „luftgeselcht". Der Speck erhält dadurch eine sehr feine, würzige Note und wird äußerst bekömmlich. Überzeugen sollte man sich davon am besten selbst: etwa beim extralange gereiften Gurktaler Schinkenspeck oder bei einer luftgeselchten Variante des italienischen Osso Collos.

Östlich des Gurktals, im Dreieck zwischen St. Veit an der Glan, Friesach und St. Andrä im Lavanttal, sucht sich eine weitere Kärntner Berühmtheit ihr Futter: das Mittelkärntner Blondvieh. Schon Kaiser Franz Joseph bestand für seinen geliebten Tafelspitz auf dessen ausgesucht zartes und saftiges Fleisch. Auf den Geschmack gekommen ist er vermutlich durch seine langjährige Geliebte, die Schauspielerin Katharina Schratt, die vom nahegelegenen Längsee stammte. Aber auch eine andere, zwischendurch vergessene Urkärntner Spezialität hatte es schon seinerzeit bis an den Hof nach Wien gebracht: die Kärntner Seeforelle. Seit einigen Jahren wird diese als „Kärntna Låxn" (sprich: Loxn) wieder äußerst erfolgreich in den Gemeinden Feld am See, Malta und Sirnitz aufgezogen. Was diese drei an sich nicht benachbarten Gemeinden vereint, ist das kristallklare Wasser, das für die Aufzucht hochwertiger Speisefische wie geschaffen zu sein scheint. Weder auf Fisch noch auf Fleisch setzen dagegen die Milchbauern im Görtschitztal: Die Sonnenalm-Milchregion umfasst die Gemeinden Eberstein, Klein St. Paul, Hüttenberg, Guttaring und Kappel am Krappfeld. Auf den Wiesen und Almen des wunderschönen Tals am Fuß der Saualpe grasen die Kühe, deren hochwertige Rohmilch zur Herstellung von köstlichen Milch-, Joghurt- und Topfenprodukten verarbeitet wird; darunter übrigens auch eine der wichtigsten Zutaten der Kärntner Küche: echter heimischer Bröseltopfen, aus dem die Fülle für die berühmten Kärntner Kasnudeln zubereitet wird.

Und zu guter Letzt erwacht mit dem Winzertum eine weitere Tradition im Herzen Kärntens aus ihrem jahrzehntelangen Dornröschenschlaf. Ortsnamen wie Stöckelweingarten belegen die ehemalige Weinbaukultur in der Region Feldkirchen-Ossiachersee; und das Gebiet rund um St. Veit an der Glan und dem Längsee konnte in den letzten Jahren sogar den kärntenweit größten Zuwachs an Rebflächen verzeichnen.

Ländliche Idylle prägt die Gurktaler Alpen, im Bild oben die Pfarrkirche von St. Andrä.
Zu den Spezialitäten der Region gehört der köstliche „Kärntna Låxn“ mit seiner markanten Färbung (l.)

NATUR PUR IN DEN NOCKBERGEN

Auf der Geigerhütte ist nur die Seele auf Empfang

Hirschnudeln mit Apfelrotkraut
Dieses Rezept finden Sie auf Seite 144

Inmitten des Nationalparks Nockberge, in einer sonnigen Senke unterhalb des Wöllaner Nock, liegt der Alpengasthof Geigerhütte. Vor mittlerweile zwei Jahren hat die junge Wirtin Bettina Aichholzer, ihres Zeichens langjährige Küchenchefin eines Villacher Traditionswirtshauses, die auf 1 666 Metern Seehöhe gelegene Almhütte von Kathrin Greimann gepachtet. Und vom nahe gelegenen Bergbauernhof der Familie Greimann wird der Gasthof auch mit herzhaftem Speck, selbst gebackenem Brot und dem exzellenten Fleisch für den sonntäglichen Ofenschweinsbraten versorgt. Hier wird noch mit Holz gekocht, und die verwendeten Kräutlein werden im Garten direkt vor der Hütte geerntet. Ein absoluter Genuss: die Wildspezialitäten aus der Eigenjagd der Familie Greimann und der herrlich zarte Zwiebelrostbraten vom Angus-Rind, das ebenfalls hier oben gezüchtet wird.

Von Handyklingeln bleibt man auf der Geigerhütte verschont. Hier ist nur die Seele auf Empfang. Wann genau die Hütte, die auch gemütliche Zimmer bietet, geöffnet ist, hängt ein wenig von der Schneelage ab. Als Richtwert gilt die Zeit zwischen Anfang Mai und Ende Oktober. Dann allerdings wird der Alpengasthof zu einer richtigen kleinen Pilgerstätte. Nicht nur für die Modellflieger, die die besondere Thermik am Wöllaner Nock schätzen, sondern auch für viele Wanderer. Die einen marschieren über den berühmten Alpen-Adria-Trail, die anderen beispielsweise über den „Weg des Buches", über den seinerzeit die evangelische Bibel ins südliche Kärnten geschmuggelt wurde. Nur einmal im Jahr, da geht's hier richtig rund: Wenn am ersten Sonntag im August der Almkirchtag auf der Geigerhütte gefeiert wird, kommen an die tausend Gäste hier herauf, um beim traditionellen „Rangeln" zuzusehen oder in der Publikumsklasse sogar selbst Hand anzulegen.

ALPENGASTHOF GEIGERHÜTTE
Familie Aichholzer
Oberwöllan 17
A-9543 Arriach
Mobil 00 43 (0) 6 50 / 4 60 53 75
www.geigerhuette.at

Secco
Garantie
Schlumberger
Jubiläumscuvée
METHODE
SCHLUMBERGER

SO SCHMECKT DER URLAUB

Im Kolmhof wird man zwischen Therme und Weltcup-Piste verwöhnt!

Ein Gardinenfabrikant aus Deutschland verliebte sich bei seinen Reisen durch den Alpenraum einst in einen aufstrebenden Wintersportort namens Bad Kleinkirchheim. Er errichtete an Ort und Stelle ein Hotel und benannte es nach dem Berg, an dessen Fuß das Haus liegt – dem Kolmnock.

Heute, 50 Jahre später, wird der Kolmhof in dritter Generation von Achim Lienert geführt und gilt als eine der Top-Adressen der Urlaubsregion Nockberge. Der Vier-Sterne-Betrieb liegt direkt gegenüber der Therme St. Kathrein, an der Talstation der Maibrunnbahn, inmitten der Skischaukel Bad Kleinkirchheim/St. Oswald. Die ausgezeichnete Küche und eine 1000 Quadratmeter große Wellnesslandschaft sorgen für körperliches und seelisches Wohlbefinden. Im ganzjährig beheizten Außenpool – über einen Schwimmtunnel mit dem Wellnessbereich verbunden – kann man bei sternenklarem Himmel im Wasser schweben und zu den Lichtern der Skihütten am Berg hinaufblicken.

Für seinen 3500 Quadratmeter großen „Alpinen Wellnessgarten" wurde der Kolmhof 2013 mit dem ersten Preis bei der Kärntner Blumenolympiade ausgezeichnet. Besonders im Sommer lohnt der Blick von der Terrasse auf den wunderschönen Garten und die Nockberge. Darüber hinaus laden die Kolmnock-Stube, die Kaiserburg-Stube oder der Barbereich mit dem offenen Kamin zum Verweilen ein. Für die kulinarischen Genüsse sorgt derweil Küchenmeister Bernhard Janko, der die Gäste hier mit Köstlichkeiten aus Österreich und allen Teilen der Welt verwöhnt. Mit seinem Souschef, der die Künste des Küchenchefs mit jugendlicher Kreativität ergänzt, bildet er ein ideales Gespann.

Ein Tipp noch für alle Sportfreunde: Bad Kleinkirchheim ist nicht nur als FIS-Weltcup-Ort und für alle Golfer und Wanderer ein Hotspot – mit dem Kolmnock verfügt die Region auch über den besten Bikerberg in ganz Kärnten!

Beiriedschnitte vom Kärntner Nock-Almrind
Dieses Rezept finden Sie auf Seite 144

FERIENHOTEL KOLMHOF
LIENERT GesmbH
Familie Lienert
Dorfstraße 26
A-9546 Bad Kleinkirchheim
Telefon 00 43 (0) 42 40 / 2 16
www.kolmhof.at

DORFWIRT MIT HERZ

Ein kleiner, feiner Familienbetrieb mitten in den Nockbergen

Backhendl mit Sesampanade

Dieses Rezept finden Sie auf Seite 145

Vor vielen Jahren kam ein junger Mann nach Gnesau, um hier nach Arbeit zu suchen. Der Hunger führte ihn ins nächste Gasthaus. Da er kein Geld in der Tasche hatte, lud ihn die junge Wirtin zum Essen ein und machte ihm Mut. „Eine Suppe", sagte sie, „habe ich immer übrig." Die damalige Wirtin ist heute Seniorchefin im Landgasthaus Bacher und der Gast inzwischen ein gemachter Mann. Er kommt auch heute noch fast täglich. Seine Suppe bezahlt er mittlerweile freilich selbst.

Was sich jedoch nicht verändert hat, ist das Bemühen um den Gast. Heidrun Himberger, geborene Bacher, hat die im Jahr 1763 errichtete Gastwirtschaft vor 19 Jahren von ihrer Mutter übernommen und wurde von dieser auch in die alten Rezepte eingeweiht. Sie führt das Haus gemeinsam mit ihrem Mann Jürgen, der in der gemütlichen Wirtsstube für den Service und für eine der heikelsten Aufgaben im Betrieb verantwortlich ist: das sogenannte „Nudelkrendeln" (= Verschließen der Nudeln). Beim Bacher ist man nämlich ganz auf heimische Hausmannskost spezialisiert. Neben Klassikern wie Ritschert, Spezialitäten vom Nockberge Almrind und dem berühmten Backhendl sind Kärntner Nudeln da natürlich unverzichtbar. „Bei uns im Nockgebiet heißen diese auch Faustnudeln. Wegen der Größe", erklärt der Wirt, „und weil der Teig nicht auf dem Nudelbrett ausgerollt, sondern in der Hand gefertigt wird."

Seine Frau Heidrun ist vor allem für ihren Kaiserschmarrn bekannt, der immer frisch zubereitet und für so manchen Gast zweifelsfrei der beste der Welt ist. Zwischen all diesen traditionellen Köstlichkeiten gibt's aber auch genügend Platz für neue Ideen. David Himberger, der älteste Sohn des Hauses, hat sein Handwerk im Hotel Hochschober erlernt und viel Kreativität in die heimatliche Küche eingebracht. Kein Wunder daher, dass das alteingesessene Wirtshaus bei Gästen aus nah und fern gleichermaßen als Einkehr beliebt ist.

GASTHAUS BACHER
Heidrun und Jürgen Himberger
Gnesau 38
A-9563 Gnesau
Telefon 00 43 (0) 42 78 / 2 95
www.bacher-gnesau.at

Gasthof-Pensi
Seebacher

GASTFREUNDSCHAFT PUR

Eine Einkehr beim Seebacher ist wie ein Besuch bei Freunden

Forelle mit Knoblauch- oder Mandelbutter
Dieses Rezept finden Sie auf Seite 188

Fritz und Traudi Seebacher sind Wirtsleute, wie sie im Buche stehen. Die beiden strahlen eine Ruhe aus, die sich sofort auf den Gast überträgt. Wir haben im Garten vor dem wunderschönen alten Nockalmholzhaus Platz genommen, dem Elternhaus von Fritz Seebacher. „Es stammt aus dem Jahr 1850, ursprünglich war es nur ein Wohnhaus", erzählt Fritz Seebacher, „aber bei einem Ausbau in den 1950er-Jahren ist es so groß geworden, dass man gleich ein Wirtshaus draus gemacht hat."

Der Landgasthof Seebacher ist ein Treffpunt für Jung und Alt. Im Winter kehren viele Skifahrer auf dem Rückweg von der Turrach oder Bad Kleinkirchheim ein. Stammgäste nehmen sich im Vorzimmer zum gemütlichen „Bauernstüberl" ihr Ritzenhoff-Glas von der Kredenz und suchen sich drinnen einen Platz am warmen Kachelofen. Drei große Tische und eine alte Theke laden zum Zusammensitzen und -stehen ein. Serviert wird Wild, das von den Jägern der Region geliefert wird. Oder frische Forellen und Krebse, die man sich im großen Aquarium selbst aussuchen kann. Dazu gibt es vor allem in der Fastenzeit Saibling oder Kärntner Låxn aus der Inneren Gurk. Der Seebacher wurde jüngst wieder mit einer „A la Carte-Gabel" ausgezeichnet. Viele Jahre lang führte man sogar eine Haube, was fur die Gäste, so Fritz Seebacher, aber kaum eine Bedeutung hatte.

Neben dem „Bauernstüberl" gibt es noch die „Kärntner Stuben", die Platz für rund 30 Personen und ein urig-gemütliches Ambiente für Familien- und Firmenfeste bietet. „Vor allem Hochzeiten feiert man bei uns sehr gerne", erzählt Fritz Seebacher. „Und wenn's etwas länger dauert, kann man auch gleich im Haus übernachten. Zwei schöne Gästezimmer für alle, die nicht mehr nach Hause fahren möchten, stehen immer bereit."

LANDGASTHOF SEEBACHER
Familie Seebacher
Gurk 23
A-9563 Gnesau
Telefon 00 43 (0) 42 78 / 2 57
www.seebacher.at

DER MALTSCHACHER GENUSSWIRT

Claudia und Josef Spieß laden zu kulinarischen Erlebnissen am See

Gurktaler Lachsforelle auf Spargel-Apfel-Risotto
Dieses Rezept finden Sie auf Seite 146

Begonnen hat alles im Jahr 1952 mit einem „Verkaufsstandl" am Ufer des romantischen Maltschacher Sees. Heute, knapp sechs Jahrzehnte später, zählt der Seewirt zu den bekanntesten „Genusswirten" in ganz Mittelkärnten. Am Badestrand und am Campingplatz kann man im Sommer die Ruhe und das Wasser eines der wärmsten Badeseen des Landes genießen, im Restaurant selbst wird das ganze Jahr über aufgekocht – mit abwechselnden Schwerpunkten. Die Stammgäste warten alljährlich auf den kulinarischen Kalender, in dem die saisonalen Themen wie Spargel, Fisch, Kürbis, Wild, Gansl oder die beliebten Genusswochen angekündigt werden.

Eines aber bleibt immer gleich: Beim Seewirt werden alle Speisen frisch zubereitet, und Fertigprodukte sind verpönt. Die Zutaten stammen ausschließlich aus den „Genussregionen Österreichs" und von Bauern der unmittelbaren Umgebung: das Rindfleisch aus den Nockbergen, der Fisch aus dem Gurktal, die Weidegans aus dem Lavanttal und das erstklassige Schweinefleisch vom Kölbl-Hof auf der anderen Seite des Sees, der von Josef Spieß` Neffen Rudolf bewirtschaftet wird. Berühmt ist der Seewirt auch für die außergewöhnliche Qualität seiner Fischgerichte – vom gebackenen Karpfen mit Erdäpfel-Vogerl-Salat (zur Weihnachtszeit) über den Saibling mit Gerstl-Gemüse-Risotto bis hin zum Carpaccio vom Kärntna Låxn.

Für die Zubereitung der Kärntner Nudeln in vielen Variationen sowie der verführerischen Desserts zeichnet Gattin Claudia verantwortlich. Ein absoluter Hit: ihre süßen Nudelvariationen, je nach Saison mit Schwarzbeer-, Brombeer-, Kletzn- oder sogar mit Rohnenfülle, und der berühmte Kärntner Eisreindling. Da heißt's rechtzeitig vorreservieren. Denn dank seiner wunderschönen Lage und der riesigen Spielwiese ist der Genusswirt am See vor allem an den Wochenenden und Feiertagen stets sehr gut besucht.

GASTHOF SEEWIRT SPIESS
Claudia und Josef Spieß
Maltschach am See 2
A-9560 Feldkirchen
Telefon 00 43 (0) 42 77 / 26 37
www.seewirt-spiess.com

Buschenschank
Kölbl
KÖLBL

„KLANE MAMAS REINDLING"

In der Buschenschank Kölbl kommt Hausgemachtes auf den Tisch

Seit 1885 ist der bereits vor mehreren Jahrhunderten errichtete Kölbl-Hof, einst eine reine Landwirtschaft, im Besitz der Familie Spieß. Im Jahr 1979 begann Arnulf Spieß selbst geräucherten Speck, schmackhafte Kärntner Würstl, Apfelsaft, Most sowie Schnaps aus der eigenen Brennerei einmal die Woche ins nahe Feldkirchen zu fahren und dort am Markt zu verkaufen. Zehn Jahre später war es mit Rudolf und Marlies Spieß die nächste Generation, die die Buschenschank Kölbl eröffnete, wo mittlerweile Rudolf junior mit seiner Corinna die Gäste mit allerlei Köstlichem aus der hofeigenen „Räuchakomma", dem Mostkeller und der Schnapsbrennerei bewirtet. Auch das herzhafte Bauernbrot wird nach einem von den Großeltern überlieferten Rezept täglich frisch in der Backstube zubereitet.

Die „Altbauern" Rudolf und Marlies sind nach wie vor im Familienbetrieb tätig. Ebenso wie die „klane Mama", die Großmutter, die für den besten Reindling weit und breit bekannt ist. „Unsere Gäste sind verrückt danach, weil er so saftig ist und so gut gefüllt", verrät Rudolf Spieß junior, „und wegen der anständigen Zuckerglasur." Das g'schmackige Fleisch und die Wurstspezialitäten vom Kölbl können das ganze Jahr über für Buffets oder als Geschenkkörbe bestellt und wenige Hundert Meter weiter beim Seewirt am Maltschacher See – ebenfalls von Großvater Arnulf im Jahr 1952 gegründet und heute im Besitz von Onkel Josef Spieß – verkostet werden.

Die Buschenschank selbst hat im Mai sowie von Juni bis Ende August geöffnet. Mit dem Kinderspielplatz neben dem Gastgarten ist sie ein ideales Ausflugsziel für Familien. Ein Oldtimer-Traktor steht zum Herumklettern bereit, und im Kleintiergehege warten Hasen, Hängebauchschweine und Ziegen auf die kleinen Besucher. Und meist auch einige Schafe – zumindest die, die nicht gerade mit der Rasenpflege am Kölbl-Hof beschäftigt sind.

Klane Mamas Reindling (u.)

Dieses Rezept finden Sie auf Seite 146

BUSCHENSCHANK KÖLBL
Rudolf Spieß
Maltschach 1
A-9560 Feldkirchen
Telefon 00 43 (0) 42 76 / 23 65
www.buschenschank-koelbl.at

Haideboden
Sauvignon

KULINARISCHES KLEINOD AM BERG

„In der Reidn" gibt's Feinstes aus Küche und Keller

„Kurve" heißt auf Kärntnerisch „Reidn". Und wenn man von der kleinen Gemeinde St. Urban am Urbansee die Panoramastraße zur Simonhöhe hinauffährt, wartet in einer dieser „Reidn" eine der besten kulinarischen Adressen des ganzen Landes.

Seit 1906 befindet sich der Landgasthof Reidnwirt in Retschitz bereits im Besitz der Familie Liebetegger und ihrer Vorfahren. Die für ihre Kochkunst vielfach ausgezeichnete Wirtin Irmgard Liebetegger ist es auch, die hier mit ihrem Team vorzugsweise Regionales auf den Teller zaubert. Mit Zutaten, die ausnahmslos aus Qualitätsbetrieben stammen: das Rindfleisch aus den Nockbergen, die Kärntner Låxn aus Sirnitz bei Gurk und das Wild aus heimischen Wäldern. Die zahlreichen Kärntner Nudel-Varianten werden von Irmgard Liebetegger ebenso selbst gefertigt wie die berühmten Salzburger Nockerln mit Vanillesauce oder Grantnschleck, derentwegen nicht nur Einheimische immer wieder den Weg hierher finden. Stolz präsentiert die Wirtin daher auch ihr Gästebuch, in dem sich so manch bekannter Name aus Sport, Gesellschaft und Adel wiederfindet.

Ehemann Karl, ein ausgebildeter Kaffeebarista, serviert den besten Kaffee weit und breit und ist als gelernter Sommelier und Absolvent der Ruster Weinakademie auch für die passende Weinbegleitung zuständig. Den sehenswerten Weinkeller hat er eigenhändig mit wunderschönen, alten Ziegeln aus einem ehe maligen Gutshof ausgebaut. Darin lagern die edlen Tropfen – vornehmlich aus Österreich, aber auch aus Italien und Frankreich – auf 600 Jahre altem Lindenholz. Und Weinliebhaber finden hier Gelegenheit, so manch erlesene Sorte zum Ab-Hof-Preis zu erwerben.

Saiblingsfilet nach Irmis Art

Dieses Rezept finden Sie auf Seite 146

LANDGASTHOF REIDNWIRT
Irmgard und Karl Liebetegger
Retschitz 3
A-9554 St. Urban
Telefon 00 43 (0) 42 / / / 82 44
www.reidnwirt.com

Murauer
Murauer
Murauer

ZWEI HERZEN UND VIEL VERSTAND

Didi und Annette Kogleck kochen g'schmackig und g'sund zugleich

Der idyllische Marktplatz der Gurktaler Gemeinde Weitensfeld strahlt eine ganz besondere Gemütlichkeit aus. Hier, auf einem schattigen Plätzchen im Gastgarten des Gurktalerhofs, in aller Ruhe einen Kaffee zu genießen – das hat schon etwas. Doch so ruhig geht es hier nicht immer zu. Alljährlich zu Pfingsten sind es an die 4000 Besucher, die beim traditionellen Kranzlreiten dicht gedrängt den Wettstreit dreier Burschen um den Kuss einer Jungfrau verfolgen. Auch Anfang Mai, beim Weitensfelder Speckfest, ist der Platz vor dem Gasthof gefüllt mit bunten Marktständen und Tausenden Besuchern – vor allem wegen des berühmten Gurktaler Luftgeselchten, einer regionalen Spezialität, die auch unverzichtbarer Bestandteil vieler Rezepte im Gurktalerhof ist. Überhaupt setzen Didi und Annette Kogleck ausschließlich auf heimatliche Produkte, ebenso wie auf ihre gesunde Küche, die vom Land Kärnten mit zwei grünen Herzen ausgezeichnet wurde.

So steht neben traditionellen Schmankerln wie dem g'schmackigen Schweinsbraten mit Natursaftl und luftgeselchten Speckknödeln auch viel Gesundes zur Auswahl. „Beim Kärntner Leibgericht, den Kasnudeln, sorgt der Dinkelteig für einen einmalig nussigen Geschmack", gerät Didi Kogleck ins Schwärmen. Ebenso zu empfehlen: die Dinkelpizza mit luftgeselchtem Gurktaler Speck oder Metnitzer Hirschschinken. Die gesunde Küche kommt bei den Gästen mittlerweile so gut an, dass Annette und Didi Kogleck bereits an italienischen Pasta-Varianten aus Dinkelteig feilen. Auch als kulinarische Abwechslung für so manche Geburtstags- oder Hochzeitsfeier, die im Gurktalerhof stattfindet. Der große Saal bietet mehr als 200 Personen Platz – und für alle, denen es am Abend doch etwas zu warm wird und die eine Tanzpause einlegen möchten, ist dann bestimmt noch ein gemütliches Plätzchen im Gastgarten am idyllischen Marktplatz frei.

Dinkelpizza mit Gurktaler Luftgeselchtem Speck (u.)

Dieses Rezept finden Sie auf Seite 147

GASTHOF GURKTALERHOF
Fam. Dietmar & Annette Kogleck
Marktplatz 9
A-9344 Weitensfeld
Telefon 00 43 (0) 42 65 / 74 61
www.gurktalerhof.at

TERRASSE AM STADTGRABEN

Christa Höferers Speckladle bietet historische Genüsse

In der ehemaligen Stadtbefestigung von Friesach lässt sich heute genussvoll speisen

Das Speckladle in Friesach ist ein echter Feinschmeckertreff. Die ehemalige Fleischerei wurde von Christa Höferer und ihrem Mann mit viel Liebe zu einem urgemütlichen Speiselokal ausgebaut. Hier kann man die Geschichte der ältesten Stadt Kärntens sehen und spüren – war das Haus doch einst Teil der über 700 Jahre alten Stadtmauer.

Christa Höferer versteht es, dieses wunderbare Ambiente mit allerlei Hochgenüssen aus Küche und Keller zu kombinieren – mit köstlichen Fischen und schmackhaften Wildgerichten wie dem Wildragout und dem Hirschbraten oder einem herrlich zarten Lammkotelett. Nicht zu vergessen: der ofenfrische Schweinsbraten, der nur von Freitag bis Sonntag auf dem Speiseplan steht. Schon am Donnerstag wird das Fleisch nach einer alten Rezeptur eingebeizt und tags darauf mit viel Zwiebeln im Ofen gebraten und mit dem Ofensaftl sowie Kraut und Knödeln angerichtet.

Im Speckladle gibt's durchgehend warme Küche; gekocht wird ausschließlich mit regionalen Produkten von Bauern aus der Umgebung und der nahen Jägerschaft. Die Küchenchefin des Speckladles genießt übrigens auch als Konditorin einen ausgezeichneten Ruf. Neben frischen Apfel- und Topfenstrudeln ist die Vitrine täglich mit allerfeinsten, selbstgebackenen Torten gefüllt.

Im mittelalterlichen Speiseraum des Speckladles, dessen gut zwei Meter dicke Außenmauern einst Teil der Stadtbefestigung waren, finden bis zu 60 Personen Platz. Der Saal wird für Feiern ebenso gerne genutzt wie die Terrasse am wasserführenden Stadtgraben – übrigens der einzige Gastgarten dieser Art in Europa. Ganz besonders am Abend ein Erlebnis: Wenn die Terrasse mit Fackeln erleuchtet wird, bieten die Geiersburg und die alte Dominikanerkirche einen wunderbar romantischen Blickfang.

SPECKLADLE HÖFERER
Christa Höferer
Wiener Straße 12
A-9360 Friesach
Telefon 00 43 (0) 42 68 / 23 92

Schenke zum Krebſen

DIE SCHENKE AM GEIERSBERG

Beim „Krebsen" wird seit dem Mittelalter ausgeschenkt

Die Entstehungsgeschichte der Friesacher „Schenke zum Krebsen" ist eng mit dem Bau der Burgen auf dem Petersberg und dem Geiersberg verknüpft. Die ältesten Aufzeichnungen stammen aus dem Jahr 1500, seit dieser Zeit befindet sich das Haus in Privatbesitz. Um 1718 wurde hier Bier gebraut – eine Urkunde besagt, dass der damalige Besitzer Christian Seidl das Recht hatte, 204 Eimer Steinbier herzustellen. Am 18. Dezember 1926 erwarb Balthasar Wastian die geschichtsträchtige Schenke. Mittlerweile wird das älteste Wirtshaus der ältesten Stadt Kärntens von dessen Enkel Herbert Wastian geführt, einem Mann, der eine angenehme Ruhe ausstrahlt. „Früher war noch eine große Landwirtschaft dabei", sagt er. „Heute konzentrieren wir uns ganz auf Küche und Keller." Zur großen Freude der Gäste, denn die kleine, aber feine Speisekarte wechselt beinahe täglich, und es wird so gut wie alles frisch gekocht. Und zwar je nach Saison Metnitztaler Spezialitäten wie etwa das Metnitztaler Wild oder die „Geschmorte Lammkeule mit Rosmarinkartoffeln und Strankalan". Der Schinken wird noch selbst geräuchert, und auch die Schafe grasen auf Herbert Wastians eigenen Weiden.

Das original mittelalterliche Ritterstüberl mit dem offenen Kamin ist fast täglich für kleinere Feiern gebucht, und auch den Wintergarten hat der Hausherr mit alten Ziegeln und Holzbalken stilecht an den wunderbaren, alten Hausbestand angepasst. Im Sommer lockt der traditionelle Dämmerschoppen mit Livemusik im großen Innenhof stets 300 bis 400 Leute an. „Schad ist's nur, wenn's regnet. Aber auch dafür haben wir bald eine Lösung", sagt der gemütliche Wirt und deutet auf das ehemalige Stallgebäude mit dem prächtigen Kreuzgewölbe. Die Pläne für den Umbau hat er bereits im Kopf.

Geschmorte Lammkeule mit Rosmarinkartoffeln und Strankalan

Dieses Rezept finden Sie auf Seite 147

SCHENKE ZUM KREBSEN
Herbert Wastian
Neumarkter Straße 19
A-9360 Friesach
Telefon 00 43 (0) 42 68 / 23 36
www.schenke-zum-krebsen.at

GAUMENFREUDEN AM HOCHSITZ

Im Prechtlhof gibt's allerbeste Aussichten für Genießer

Wildbraten vom Metnitztaler Hirschen
Dieses Rezept finden Sie auf Seite 148

Man schmeckt, dass Prechtlhof-Wirt Leopold Krassnitzer Jäger ist. Mit seiner Jagd im Metnitztal versorgt er die Küche des Althofener Vier-Sterne-Hotels und -Restaurants stets mit frischem Wild. Und auch sonst setzt der passionierte Waidmann auf Regionalität. Gerade war die Brotbäuerin da, die das Getreide für das schmackhafte Brot noch selbst anbaut. Und ein weiterer Landwirt aus nächster Umgebung hat ein neues Getränk kreiert: das „Heukracherle", eine Bio-Limonade, die nach frischen Heublumen duftet und die Leopold Krassnitzer auch gleich zum Probieren reicht.

In der Küche des Prechtlhofs wird ebenfalls mit Heu gearbeitet: Beim „Wildbraten vom Metnitztaler Hirschen" kommt zum Schluss noch etwas Heu in den Backofen. In der Wärme des Ofens entfalten sich die ätherischen Kräuteröle und verleihen dem mit Rahmpolenta oder Nuss-Serviettenschnitten angerichteten Braten eine besonders feine Geschmacksnote.

Heu ist auch beim Zubau im Hotelbereich ein Thema: Gerade werden neue Zirbenzimmer eingerichtet – eines davon mit Heubett und Heubad sowie persönlicher Infrarot-Kabine. Der Hit unter den Übernachtungsmöglichkeiten im Prechtlhof ist aber das 2011 eröffnete Baumhaus. Das in der Krone einer 300 Jahre alten Linde errichtete und mit allem Luxus ausgestattete Appartement ist ein Geheimtipp für alle frisch und auch schon länger Verliebten. Inklusive 360-Grad-Rundumblick und Champagnerfrühstück auf dem Dach des Baumhauses – das ist Seelenluxus pur.

Passend dazu lockt ein Candle-Light-Dinner im Prechtlhof. Für den kulinarischen Genuss sorgt der mehrfach ausgezeichnete Meisterkoch Krassnitzer selbst. Er war nicht nur „Kärntner Wirt" sowie „Genusskoch des Jahres", sondern hat sich unter anderem – im Wettstreit mit vielen anderen Kärntner Köchen – auch schon zum „Kärntner Ritschertmeister" gekocht.

HOTEL RESTAURANT PRECHTLHOF
Familie Krassnitzer
Schobitzstraße 1
A-9330 Althofen
Telefon 00 43 (0) 42 62 / 26 14-0
www.prechtlhof.com

KULTURWIRT MIT HAUBE

Der Bachler ist Gourmetrestaurant und Wirtshaus zugleich

Anfang der 80er-Jahre entdeckten Ingrid und Gottfried Bachler im Kärntner Althofen eine prächtige Jugendstilvilla, die zum Verkauf stand. Sie renovierten das Gebäude, erweiterten es um einen romantischen Gastgarten und setzen seit der Eröffnung im Jahr 1983 auf das harmonische Nebeneinander von Restaurant und Gasthaus: das eine als Ort des Entdeckens und Genießens, das andere als Ort der gemütlichen Geselligkeit, an dem typische Wirtshausgerichte mit Zutaten aus der Region serviert werden.

Gottfried Bachler gilt als innovativer, ideenreicher Küchenchef und wie seine Frau als großer Förderer heimischer Produzenten. Ingrid Bachler ist zudem ausgebildete Weinakademikerin und bietet Seminare im elegant ausgebauten Weinkeller der Villa an. Gottfried Bachler wiederum ist Käsesommelier und für seine kreativen Kochschulen im ganzen Land bekannt. Die Kurse starten meist am Vormittag. Am späten Nachmittag können die Gäste der Kochschüler nachkommen, um gemeinsam die unter der Anleitung des Küchenmeisters gezauberten Kreationen zu verkosten. Bei passendem Wetter im Gastgarten, der angesichts der Blumen- und Pflanzenpracht und der duftenden Küchenkräuter im Sommer beinahe toskanisch anmutet.

Der Weinkeller der Jugendstilvilla umfasst mehr als 700 Positionen, großteils aus österreichischem Anbau und von zum Teil noch wenig bekannten Winzern. Denn das Ehepaar Bachler achtet weniger auf Namen als vielmehr auf Qualität – und die stimmt auch im eigenen Haus. Aufgrund dieser Philosophie gilt das Restaurant als wahre Talenteschmiede: Nicht ohne Stolz verweist Gottfried Bachler darauf, dass gleich vier seiner ehemaligen Lehrlinge mittlerweile Küchenchefs in einigen der renommiertesten Häusern der Welt sind. Und das ist doch recht beachtlich für ein „Wirtshaus" aus dem kleinen Althofen.

Kärntna-Låxn-Filets auf Topfenreingalan

Dieses Rezept finden Sie auf Seite 149

RESTAURANT BACHLER
Gottfried Ernst Bachler
Silberegger Straße 1
A-9333 Althofen
Telefon 00 43 (0) 42 62 / 38 35
www.bachler.co.at

OBERER
MOSER
GASTHOF·PENSION
FAMILIE SCHUMI
5L
5L

BESTES AUS KÜCHE UND KELLER

Gepflegte Wirtshausküche und junge Kärntner Weine

Alljährlich im September findet mit dem Bauernbackhendlfest in St. Georgen am Längsee eines der größten kulinarischen Feste der Region statt. Wer jedoch auch unterm Jahr auf knusprig gebackene Hendl frisch vom Bauernhof nicht verzichten will, ist beim Oberen Moser genau richtig. Der historisch bedeutende Gasthof liegt in der kleinen Ortschaft Reipersdorf – und ist dort bereits in vierter Generation im Besitz der Familie Schumi. Urkundlich erwähnt wurde der Hof erstmals im Jahr 1486. Zum Betrieb gehört auch ein ehemaliges Stallgebäude, in dem heute ein Weinkeller untergebracht ist. In Kärnten findet derzeit eine Renaissance des Weinbaus statt, und gleich drei bekannte Winzer keltern hier ihre mehrfach prämierten Weine unter den Marken Vinum Virunum, Weinkultur Hochosterwitz sowie Avino. Das Gebiet rund um das 1000 Jahre alte, einstige Benediktinerstift St. Georgen am Längsee gilt als eine der größten Weinbauregionen Kärntens. Von der Qualität der hiesigen Weine kann man sich beim Oberen Moser auch selbst überzeugen: unter anderem bei Führungen durch den Weinkeller oder im kleinen „Hofladl", wo es auch die fruchtigen Apfel- und Birnensäfte, die Wirt Christian Schumi unter der Marke Presswerk anbietet, zum Mitnehmen gibt.

Kulinarisch überzeugt der Gasthof mit allerbester Wirtshausküche. Regionalität ist Trumpf, was auch die köstlichen Kärntner Käsnudeln belegen (Rezept Seite 149). Außerdem serviert man je nach Saison Fisch oder Spargel, Pilzgerichte oder Spezialitäten vom Wild – und nach alter Tradition jeden Sonntag einen g'schmackigen „Sonntagsbraten". Wunderschön: der neue Zubau neben dem einladenden Thekenbereich. Eine mehr als 500 Jahre alte Steinmauer wurde dort sorgsam in den modernen Raum integriert. Ein kleines architektonisches Juwel, das sich wunderbar in das „Gesamterlebnis Oberer Moser" einfügt.

GASTHOF PENSION OBERER MOSER
Familie Schumi
Reipersdorf 4
A-9313 St. Georgen am Längsee
Telefon 00 43 (0) 42 13 / 20 38
www.orerermoser.at

KULINARISCHE PILGERSTÄTTE

Beim Schattleitner gibt's Regionales und viel Tradition

In Brückl, am Tor zur „Norischen Region", befindet sich der Gasthof Schattleitner. Der alteingesessene Familienbetrieb ist für seine exzellente Küche und insbesondere für seine köstlichen Kärntner Nudelspezialitäten bekannt. Neben den klassischen Kasnudeln werden auch Fleisch-, Spinat- und Dinkelnudeln oder – abhängig von der Saison – Bärlauch- und Schwammerlnudeln angeboten.

Besonderen Wert legt die Eigentümerfamilie Breitenhuber auf Regionales. Erdäpfel, Obst und Gemüse kommen aus heimischer Landwirtschaft, und auch das Rindfleisch stammt – wie zu Habsburger Zeiten – ausschließlich vom Mittelkärntner Blondvieh. Schon Kaiser Franz Joseph wusste dessen besonderen Geschmack für seinen geliebten Tafelspitz zu schätzen. Dazu verführt haben dürfte ihn seine langjährige Geliebte, die Schauspielerin Katharina Schratt, die vom nahegelegenen Längsee stammte.

Eine ebenso wohlschmeckende Reminiszenz an die gute alte Zeit ist der Kärntna Låxn, der in Feld am See neu gezüchtet wird. Diese „Kärntner Urforelle" zeichnet sich durch eine charakteristische Punktierung und das zartrosa Fleisch aus. Beim Schattleitner werden die ausgelösten Låxnfilets in Olivenöl angebraten und auf Zartweizenrisotto serviert.

Der Gasthof liegt am Schnittpunt zweier Weitwanderwege – des Mariazeller Weitwanderweges und des Marienpilgerweges – und bietet sich als attraktives Etappenziel an. Komfortable Zimmer laden den Wanderer zur Einkehr, der nahegelegene Längsee verspricht die ersehnte Abkühlung. Ebenso wie das sensationelle Eis beim Schattleitner: Der Gasthof besitzt eine fast 50-jährige Eistradition – der erfrischende Genuss wird ausschließlich aus tagesfrischer Bauernmilch hergestellt. Ebenso zu empfehlen sind die köstlichen Mehlspeisen, die hier in alter Tradition „nach Omas Rezept" gebacken werden.

Dreierlei Fisch auf Zartweizenrisotto
Dieses Rezept finden Sie auf Seite 149

GASTHOF SCHATTLEITNER
Familie Breitenhuber
St.-Veiter-Straße 1
A-9371 Brückl
Telefon 00 43 (0) 42 14 / 22 41
www.gasthof-schattleitner.com

REZEPTE

Die Hirschnudeln auf Apfelrotkraut (l.) sind ein absoluter Genuss im Alpengasthof Geigerhütte (M.), die Beiriedschnitte vom Nockalmrind (r.) ...

HIRSCHNUDELN AUF APFELROTKRAUT

Alpengasthof Geigerhütte, Seite 116

ZUTATEN FÜR 4 PERSONEN

FÜR DEN NUDELTEIG:

500 g Hartweizengrießmehl,
1 Ei, 1 EL Öl,
ca. 1/4 l Wasser, lauwarm,
Salz

FÜR DIE HIRSCHFÜLLE:

400 g Bauchfleisch vom Hirsch, faschiert,
1/2 Zwiebel, kleinwürfelig geschnitten,
1/2 Sellerie, kleinwürfelig geschnitten,
1 Karotte, kleinwürfelig geschnitten,
Petersilie, gehackt,
1 EL Preiselbeermarmelade,
1 Ei,
2 EL Semmelbrösel zum Binden,
Piment, gemahlen,
Salz und Pfeffer aus der Mühle

FÜR DAS APFELROTKRAUT:

2 EL Zucker,
je 1/8 l Orangensaft, Apfelsaft und Rotwein,
Gewürzkugel: Pfefferkörner, Lorbeerblätter, Wachholderbeeren und kleine Zimtrinde,
1 Kopf Rotkraut, gehobelt,
1 Apfel, kleinwürfelig geschnitten,
Salz

ZUBEREITUNG

Die Zutaten für den Nudelteig in eine Schüssel geben und gut durcharbeiten, bis ein glatter, geschmeidiger Teig entsteht. Vor der weiteren Verarbeitung den Teig eine halbe Stunde rasten lassen.
Für die Hirschfülle das Bauchfleisch scharf anbraten, in kleine Würfel geschnittene Zwiebel, Sellerie und Karotte untermischen und für 20 Minuten gut anrösten. Die Fülle auskühlen lassen, die restlichen Zutaten hinzugeben und abschmecken.
Dann den Nudelteig dünn ausrollen (circa 1/2 cm stark) und Kreise von etwa 6 cm Durchmesser ausstechen. Jeden Nudelkreis mit 50 g Hirschmasse befüllen, zusammenklappen und krendeln. In Salzwasser 12 Minuten leicht köcheln lassen.
Für das Apfelrotkraut den Zucker karamellisieren und mit den Flüssigkeiten ablöschen. Gewürzkugeln einhängen und Rotkraut hinzugeben. Etwa 20 Minuten dünsten lassen.

ANRICHTEN

Vor dem Servieren das Apfelrotkraut mit Apfelstückchen verfeinern und dann die Hirschnudeln auf dem Apfelrotkraut anrichten.

BEIRIEDSCHNITTE VOM KÄRNTNER NOCKALMRIND MIT KARTOFFELGRATIN

Ferienhotel Kolmhof, Seite 118

ZUTATEN FÜR 4 PERSONEN

1 kg Nockland-Beiried,
Salz und Pfeffer

FÜR DAS KARTOFFELGRATIN:

800 g fest kochende Kartoffeln,
1 Zwiebel, kleinwürfelig geschnitten,
Öl zum Anbraten und für die Form,
300 ml Milch,
1 Prise Muskatnuss,
1 Prise Salz, 1 Prise Pfeffer,
2 Knoblauchzehen,
100 g Käse, gerieben,
150 ml Schlagobers

FÜR DIE SAUCE:

4 Schalotten,
1 Prise Zucker,
6 cl Portwein,
0,5 l Demi-Glace

ZUBEREITUNG

Für das Kartoffelgratin die Zwiebel schälen und in kleine Würfel schneiden. Die Kartoffeln ebenso schälen und in dünne Scheiben schneiden. Den Backofen auf 180 °C vorheizen. In einem großen Topf etwas Öl erhitzen

... wird im stivollen Ferienhotel Kolmhof (l.) serviert, das mit Sesam panierte Backhendl (M.) ist ein Rezept des Ehepaars Himberger (r.)

und die Zwiebel darin glasig anbraten. Mit Milch aufgießen und die Zwiebeln circa 3 Minuten kócheln lassen. Nun die Kartoffelscheiben hinzufügen und mit Muskatnuss, Salz und Pfeffer würzen. Die Knoblauchzehen schälen und durch eine Knoblauchpresse in den Topf geben. Das Gemisch für rund 10 Minuten leicht köcheln lassen. Anschließend die Kartoffel-Zwiebel-Mischung samt Flüssigkeit in eine ausgefettete Auflaufform gießen. Mit dem geriebenen Käse belegen. Dann den Käse mit dem Schlagobers übergießen – so bekommt er eine herrlich glänzende Farbe. Das Kartoffelgratin für ungefähr 30 Minuten im Ofen überbacken.
Das Fleisch in vier gleichmäßig große Stücke schneiden, leicht plattieren und mit Salz und Pfeffer würzen. Danach in einer heißen Pfanne etwa 2 Minuten auf beiden Seiten anbraten und vor dem Anrichten ein wenig rasten lassen.
Für die Sauce die Schalotten schälen und halbieren, in etwas Öl anschwitzen. Vor dem Ablöschen mit dem Portwein ein wenig Zucker dazugeben. Mit Demi-Glace aufgießen, aufkochen und zur gewünschten Stärke abziehen.

BACKHENDL MIT SESAMPANADE

Gasthaus Bacher, Seite 120

ZUTATEN FÜR 4 PERSONEN

2 ausgenommene Hühner à ca. 1,4 kg,
Zitronensaft,
Salz,
Frittierfett (je nach Fritteusengröße, für einen Topf ca. 2 kg)

FÜR DIE PANADE:

3 Eier,
etwas Milch,
Salz,
Zitronensaft,
200 g Mehl,
200 g feine Semmelbrösel,
Sesam

FÜR DIE BEILAGE:

1 kg speckige Kartoffeln, gekocht,
Butter, Salz,
Krauspetersilie

FÜR DIE GARNITUR:

2 Zitronen, in Spalten geschnitten,
Preiselbeerkompott (Grantn)

ZUBEREITUNG

Hühner jeweils in 8 Teile zerlegen: Zuerst halbieren, dann die Haut am Keulenansatz ringsherum einschneiden und die Keulen im Gelenk mit einem scharfen Messer durchschneiden. Flügel vom Rumpf abtrennen, Rumpf längs halbieren, jeweils einmal quer teilen. Hendlteile gründlich waschen und trocken tupfen, die Haut abziehen.
Mit Zitronensaft gut einreiben und salzen. Einige Stunden oder über Nacht im Kühlschrank durchziehen lassen.
Panade vorbereiten: Eier mit Milch, Salz und Zitronensaft verquirlen und wie auch das Mehl und die Semmelbrösel jeweils in einen tieferen Teller oder Behälter geben. Die Hendlteile im Mehl wenden, etwas abklopfen, dann durch die Eiermischung ziehen und schließlich in die Semmelbrösel legen. Dort mit Sesam bestreuen und in den Bröseln wenden. Die überschüssige Panade abschütteln.
Frittierfett in einer Fritteuse oder in einem breiten Topf erhitzen. Zur Probe einen Kochlöffelstiel hineinhalten: Rundherum sollten sich Bläschen bilden. Hendlteile ins heiße Fett geben, etwa 15 bis 18 Minuten schwimmend goldbraun herausbacken, herausheben, gut abtropfen lassen und auf Küchenpapier legen, damit das überschüssige Fett aufgesaugt wird.
Als Beilage gekochte Kartoffeln in heißer Butter schwenken, salzen und mit Petersilie bestreuen.

ANRICHTEN

Backhendlteile mit Petersilienkartoffeln, Zitronenspalten und Preiselbeeren anrichten.

REZEPTE

Fisch und Süßes: zum Mittag vielleicht eine Gurktaler Lachsforelle (l.) oder ein Saiblingsfilet (r.), nachmittags dann einen süßen Reindling (M.)

GURKTALER LACHS-FORELLE AUF SPARGEL-APFEL-RISOTTO

Gasthof Seewirt Spieß, Seite 124

ZUTATEN FÜR 4 PERSONEN

4 Filets von der Lachsforelle à ca. 100 g, Zitronensaft, Olivenöl und Butter, 1/2 Zwiebel, 160 g Risottoreis (Rundkornreis), 1/8 l Lavanttaler Apfelmost, 1/4 l Spargelfond, 1 Bund Lavanttaler Spargel, grün und weiß gemischt, 1/16 l Obers (Sahne, Rahm), 40 g würziger Almkäse, 2 Äpfel, Salz und frisch gemahlener Pfeffer

ZUBEREITUNG

Lachsfilets würzen und mit Zitronensaft beträufeln. In Olivenöl und Butter bei niedriger Temperatur anbraten und warmstellen.

Die halbe Zwiebel klein schneiden und in Olivenöl anschwitzen, Reis beigeben und kurz mitrösten. Mit Apfelmost ablöschen, kurz einkochen lassen, würzen, mit Spargelfond aufgießen und unter ständigem Rühren weich dünsten – dabei immer wieder mit Fond aufgießen. Nach etwa 10 Minuten den geschälten, in Stücke geschnittenen Spargel beigeben und ziehen lassen. Kurz vor dem Servieren mit flüssigem Obers, geriebenem Almkäse und einem in kleine Würfel geschnittenen Apfel vollenden.

Risotto im Teller anrichten, das Fischfilet darauflegen und mit gekochten Spargelspitzen sowie Apfelspalten des zweiten Apfels garnieren.

KLANE MAMAS REINDLING

Buschenschank Kölbl, Seite 126

ZUTATEN FÜR 4 PERSONEN

1 Würfel frische Germ, 500 g Mehl, 1 TL Salz, 4 EL Zucker, Zitronenschale, gerieben, 2 Eier, 60 g Butter, 250–375 ml Milch

FÜR DIE FÜLLE:

300 g Zucker, 1 TL Zimt, 100 g Rosinen

ZUBEREITUNG

Die Germ mit 1 Teelöffel Zucker flüssig rühren, 1 bis 2 Esslöffel Mehl und ausreichend warme Milch dazugeben, sodass ein dickflüssiger Teig entsteht. Den Teig an einem warmen Ort gehen lassen.

Die trockenen Zutaten (Mehl, Salz, Zucker, geriebene Zitronenschale) in die Rührschüssel geben, darauf die Eier, den gegangenen Teig, die zerlassene Butter und die lauwarme Milch geben, sodass ein mittelfester Teig entsteht. Den Teig so lange kneten, bis er glatt ist und Blasen wirft, und anschließend noch einmal gehen lassen.

Für die Fülle Zucker, Zimt und Rosinen mischen. Dann den Teig auf eine bemehlte Arbeitsfläche geben, auswalken und gleichmäßig mit der Fülle bestreuen. Anschließend fest zusammenrollen und in eine Form geben, die vorher mit flüssiger Butter ausgerieben und mit Kristallzucker bestreut wurde. Im vorgeheizten Backrohr bei 180 °C auf mittlerer Schiene circa 45 bis 60 Minuten backen.

SAIBLINGSFILET NACH IRMIS ART

Landgasthof Reidnwirt, Seite 128

ZUTATEN FÜR 4 PERSONEN

8 Saiblingsfilets, Salz, Pfeffer, Saft von 1 Zitrone, je 1/2 gelbe, rote und grüne Paprika, 1 EL Öl, etwas Mehl, 4 cl Sahne, ca. 80 g Butter

FÜR DIE PETERSILIENERDÄPFEL:

4 große Erdäpfel, Butter, Petersilie, Kirschtomaten

ZUBEREITUNG

Die Saiblingsfilets mit Salz, Pfeffer und Zitronensaft würzen. 4 Filets zusammenrollen, am besten mit einem Zahnstocher fixieren. Die Paprika waschen, putzen und kleinwürfelig schneiden. Öl in eine Pfanne geben, die Paprika leicht anrösten, mit Salz und Pfeffer würzen, mit etwas Mehl leicht bestauben, mit Sahne aufgießen und aufkochen lassen. Die Masse in den gerollten Saibling füllen. In einer Pfanne Butter erhitzen und die eingerollten Filets circa 4 Minuten braten, am besten im Backrohr bei rund 140 °C. In der zweiten Pfanne ebenfalls Butter erhitzen und die 4 restlichen Filets mit der Hautseite einlegen, kurz anbraten, wenden und nochmals kurz braten.

Die Erdäpfel waschen, schälen, vierteln und in Salzwasser kochen. Danach abseihen und anschließend in Butter und Petersilie schwenken. Kirschtomaten in etwas Öl leicht anbraten und alles zusammen anrichten.

Fleischvariationen: gefülltes Schweinefilet (l.), Dinkelpizza mit Luftgeselchtem Speck (M.) und geschmorte Lammkeule mit grünen Bohnen (r.)

GEFÜLLTES SCHWEINEFILET MIT BÄRLAUCHRAHMSAUCE UND TAGLIOLINI

Landgasthof Reidnwirt, Seite 128

ZUTATEN FÜR 4 PERSONEN

2 ganze Schweinefilets, 500 g Spinat, 200 g Mozzarella, 200 g Tagliolini

FÜR DIE BÄRLAUCHRAHMSAUCE:

1 Zwiebel, etwas Butter, 1 EL Mehl, 1/4 l Suppe, 1/4 l Schlagsahne, frischer Bärlauch (oder Bärlauchpesto), Muskatnuss, Salz und Pfeffer

ZUBEREITUNG

Die Schweinefilets der Länge nach zu drei Viertel durchschneiden, klopfen, salzen und pfeffern. Mit gewürztem Spinat und Mozzarella belegen, einrollen und mit Zahnstochern fixieren. In einer Pfanne beidseitig anbraten, bei 150 °C im Backrohr circa 12 bis 15 Minuten weiterbraten. Für die Sauce eine Zwiebel in Butter anschwitzen, das Mehl dazugeben und mit der Suppe und der Schlagsahne aufgießen. Bärlauchpesto oder frischen Bärlauch dazugeben (je nach Geschmack). Alles mit einem Pürierstab aufmixen und mit Salz, Pfeffer und Muskatnuss abschmecken. Die Tagliolini in Salzwasser kochen, abseihen und mit Butter abschmecken. Die Schweinefilets aus dem Backrohr nehmen, die Zahnstocher entfernen. Die Sauce auf einem Teller anrichten, das aufgeschnittene Fleisch und die Tagliolini dazugeben.

DINKELPIZZA MIT GURKTALER LUFTGESELCHTEM SPECK

Gasthof Gurktalerhof, Seite 130

ZUTATEN FÜR 4 PERSONEN

500 g Dinkelmehl, 30 g Germ, 1/2 TL Rohrzucker, 1/4 l lauwarmes Wasser, 3 EL Olivenöl, 1 Schuss Aceto Balsamico

FÜR DEN BELAG:

150 g Mozzarella, 4 Tomaten, Oregano, 250 g Gurktaler Luftgeselchter Speck, hauchdünn geschnitten, Olivenöl

ZUBEREITUNG

Mehl in die Rührschüssel, Germ und Zucker in eine Vertiefung geben, etwas lauwarmes Wasser dazu, verrühren und stehen lassen. Die restliche Zutaten dazugeben und einen geschmeidigen Teig machen. Den Teig circa 1 Stunde zugedeckt rasten lassen. Anschließend den Teig vierteln, die Teigstücke mit der Innenhand in kreisenden Bewegungen so lange bearbeiten, bis eine glatte Kugel entsteht. Nun mit dem Nudelholz 2- bis 3-mal über den Teig rollen und danach mit den Handflächen den Teig drehen, bis schöne runde Kreise entstehen (etwa 25 cm Durchmesser). Ofen vorheizen (auf die höchste Stufe bzw. 250 °C). Backblech mit Olivenöl bestreichen. Teig daraufgeben, mit Mozzarella und Tomatenscheiben belegen, Oregano darüberstreuen und im Rohr 7 Minuten backen. Herausnehmen, mit dem Speck belegen und nochmals 3 Minuten ins Rohr geben.

GESCHMORTE LAMMKEULE MIT ROSMARINKARTOFFELN UND STRANKALAN

Schenke zum Krebsen, Seite 134

ZUTATEN FÜR 4 PERSONEN

1 Lammkeule (mit oder ohne Knochen), Olivenöl, 2 Karotten, 4 Tomaten, 4 Schalotten, 8 Knoblauchzehen, 2 Thymianzweige, 1/2 Tasse Weißwein, 1/2 l Rotwein, 1 Tasse Lammfond, 1 TL Tomatenmark, auf Wunsch Noilly Prat oder Madeira, Salz und Pfeffer

FÜR DIE ROSMARINKARTOFFELN:

1 kg festkochende Kartoffeln, Olivenöl, Rosmarin, Salz

FÜR STRANKALAN:

1/2 kg Strankalan (grüne Bohnen), Bauchspreck, Olivenöl, Salz

ZUBEREITUNG

Zunächst die Karotten schälen und in dünne Scheiben schneiden, die Tomaten waschen, vierteln oder achteln, die Schalotten schälen und klein hacken, die Knoblauchzehen ungeschält zerdrücken. Die Lammkeule sorgfältig von allem Fett und allen Häuten säubern. Dann in einem Schmortopf oder Bräter etwas Olivenöl erhitzen und die Keule darin ungefähr 15 bis 20 Minuten von allen Seiten hellbraun anbraten. Dabei gründlich salzen und mit grob gemörsertem schwarzem Pfeffer bestreuen. Anschließend Keule herausnehmen, das Bratöl weggießen, 1 Esslöffel frische

REZEPTE

Kaminzimmer in der Schenke zum Krebsen (l.). Braten vom Metnitztaler Hirschen (M.), eine Wildspezialität aus dem Prechtlhof (r.)

Butter in den Schmortopf geben und das Gemüse darin andünsten und mit Salz und Pfeffer kräftig abschmecken. Die Thymianzweige auf das Gemüse legen und darauf die Lammkeule betten. Mit heißem Weißwein angießen und ohne Deckel in den auf 80 °C vorgeheizten Ofen schieben (die Temperatur sollte möglichst genau eingehalten werden). Die Bratzeit beträgt zwischen 5 und 7 Stunden.
Auf dem Herd das Gemüse im Schmortopf erhitzen, mit Rotwein ablöschen und etwas Lammfond hinzugeben.
10 Minuten köcheln lassen, dann durch ein Sieb in einen anderen Topf abgießen – dabei das Gemüse mit einem Holzlöffel ausdrücken – und danach auf dem Herd reduzieren und zur Sauce abschmecken. Eventuell etwas frischen Thymian, Tomatenmark, ein kleines Gläschen Noilly Prat oder Madeira zugeben und wieder einkochen und abschmecken.
Für die Beilagen die Kartoffeln in der Schale 1 Stunde kochen. Auskühlen lassen und danach pellen. Die Kartoffeln in Spalten schneiden und in Olivenöl mit Rosmarin in der Pfanne goldbraun werden lassen.
Dazu passen Strankalan (grune Bohnen). Für 4 Personen benötigt man ungefähr ein halbes Kilo. Die Strankalan im kochenden Wasser bissfest kochen. Etwas Bauchspeck klein würfeln, in Olivenöl glasig anschwitzen und anschließend die Strankalan dazugeben.

BRATEN VOM METNITZTALER HIRSCHEN MIT NUSS-SERVIETTENSCHNITTE

Restaurant Prechtlhof, Seite 136

ZUTATEN FÜR 5 PERSONEN

FÜR DEN HIRSCHBRATEN:

1 kg Hirschschale (Schlögelteil vom Schmalspießer oder Junghirsch), Senf, Olivenöl zum Anbraten, Wurzelwerk, Zwiebeln, Tomatenmark, kräftiger Rotwein, Bouquet garni (Kräuterbündel, bestehend aus Wacholderbeeren, Pfefferkörnern, Lorbeer), Preiselbeeren, etwas süßer Rahm, Salz und Pfeffer

FÜR DIE SERVIETTENSCHNITTE MIT NÜSSEN:

1 kleine Zwiebel (Frühlingszwiebel oder Lauch), 20 g Butter, ca. 1/4 l Milch (je nach Trockenheit des Brotes), 3 Eier, Muskat, 50 g Walnüsse oder Haselnüsse, gehackt, 250 g Knödelbrot, Salz und Pfeffer

ZUBEREITUNG

Die Hirschschale mit Salz, Pfeffer und Senf würzen. In heißem Olivenöl gleichmäßig rundherum anbraten, Bratensatz mit Rotwein ablöschen und zur Seite stellen.
In einer weiteren Pfanne etwas Sellerie, Karotten, Lauch und Zwiebeln anrösten, tomatisieren und mit Bratenaufguss aufgießen. Hirschschale circa 1,5 bis 2 Stunden in diesem Fond dünsten; die letzten 20 Minuten ein Leinensackerl, gefüllt mit Heublumen, zum Bratensaft geben. Dann die Schale herausnehmen, den Fond passieren und mit Preiselbeeren und etwas süßem Rahm fertigstellen. Das Bratenstück zur Vollendung auf einem Heubett in den Steamer (Dampfgarer) geben, um dem Fleisch den typischen Heugeschmack mitzugeben.
Für die Serviettenschnitte die Zwiebel leicht in der Butter anschwitzen – mit Milch ablöschen und mit den Eiern und den Gewürzen locker unter die mit den Nüssen vermischte Brotmasse mischen. Die Masse in eine Serviette oder Frischhaltefolie geben und circa 15 Minuten im Salzwasser ziehen lassen.

ANRICHTEN

Den Hirschbraten portionieren und auf dem Teller auf einem kleinen Büschchen des Alpenheus anrichten. Dazu die Serviettenschnitte. Als weitere Beilage empfiehlt sich eine schöne Brokkolirose und etwas leicht karamellisierter und angebratener Chicorée.

Regionales vom Feinsten: Kärntner Låxn auf Topfenreingalan (l.), Kärntner Käsnudeln (M.) und verschiedene Fische auf Zartweizenrisotto (r.)

KÄRNTNA LÅXN-FILETS AUF TOPFENREINGALAN

Restaurant Bachler, Seite 138

ZUTATEN FÜR 4 PERSONEN

4 Filets von der Kärntna Låxn

FÜR DIE TOPFENREINGALAN:

250 g Bröseltopfen (aus der Genussregion Görtschitztaler Milch), 1 Ei, 1 EL Mehl, 1 EL Grieß, Salz

FÜR DIE KRÄUTEREMULSION:

150 ml Olivenöl, Petersilie, Basilikum, Minze, Koriander, Estragon

FÜR DIE TOMATENCREME:

100 g pürierte Tomaten, 1 Chili, 250 ml Geflügelfond, 50 ml Sahne, Salz, Pfeffer, Zitronensaft, Zucker

ZUBEREITUNG

Die Zutaten für die Topfenreingalan vermengen, 10 Minuten rasten lassen und in einem Butter-Öl-Gemisch goldgelb herausbacken. Die Fischfilets würzen, auf der Hautseite vorsichtig braten (oben soll der Fisch noch leicht glasig wirken) und auf die Reingalan legen. Für die Kräuteremulsion Öl auf 90 °C erhitzen, die Kräuter kurz eintauchen, in Eiswasser abschrecken und gut abtropfen. Alles mischen und zum Öl geben. Die Zutaten für die Tomatencreme vermischen und leicht wärmen. Dazu passt der hochreife, mineralische Sauvignon Blanc Leiten Steilhang 2013 aus dem nahegelegenen Weingut Karnburg.

KÄRNTNER KÄSNUDELN

Gasthof Oberer Moser, Seite 140

ZUTATEN FÜR 6 PERSONEN

FÜR DEN NUDELTEIG:

400 g griffiges Mehl, 1 Ei, 1 Eidotter, ca. 150 ml Wasser, 1 EL Olivenöl, Salz

FÜR DIE FÜLLE:

300 g Bröseltopfen, 100 g Semmelwürfel, 300 g Kartoffeln, gekocht, geschält, passiert, ca. 2 EL Nudelminze, klein gehackt, Porree, geschnitten, Schnittlauch, geschnitten, Salz, Butter zum Übergießen

ZUBEREITUNG

Mehl, Ei, Öl, Salz und Wasser zu einem glatten Nudelteig verkneten und rasten lassen. Für die Fülle alle Zutaten vermengen und kleine Kugeln formen. Den Teig dünn ausrollen, die Kugeln nebeneinander auf den unteren Rand des Teiges legen, den Teig darüberklappen und anpressen. Mit einem runden Ausstecher oder Nudelrad die einzelnen Nudeln ausstechen. In siedend heißem Wasser einige Minuten kochen, abtropfen lassen und mit frischem Schnittlauch anrichten. Zum Schluss mit brauner, heißer Butter übergießen und servieren. Dazu passt zum Beispiel ein frischer, grüner Salat. Die Fülle lässt sich je nach Geschmack auch abwandeln (etwa ohne Semmelwürfel oder mit weiteren Kräutern). Die Kärntner Käsnudeln können auch (nach kurzem Blanchieren) goldbraun angebraten werden.

DREIERLEI FISCH AUF ZARTWEIZENRISOTTO

Gasthof Schattleitner, Seite 142

ZUTATEN FÜR 4 PERSONEN

je 4 kleine Filets vom Kärntner Låxn, vom Saibling und von der Forelle, Zitronensaft, 250 g Zartweizenrisotto, 1 Zwiebel, klein gehackt, Olivenöl, 500 ml Bouillon, 100 g Gemüse, Schlagobers, Petersilie

FÜR DEN DILLSCHAUM:

Schalotten, 1 Schuss Weißwein, 250 g Gemüsefond, 200 g Schlagobers, 2 EL gehackter Dill, Salz

ZUBEREITUNG

Zartweizen und Zwiebel in einem Topf mit Olivenöl anschwitzen, mit Bouillon aufgießen, salzen und circa 15 Minuten einkochen lassen. Das klein geschnittene Gemüse daruntermischen und so lange weiterkochen, bis die Flüssigkeit eingekocht ist. Zum Schluss Schlagobers dazugeben, damit das Risotto sämig wird, und Petersilie untermischen. Für den Dillschaum Schalotten anschwitzen, mit Weißwein aufgießen, Gemüsefond, Schlagobers und Dill dazugeben. Mit dem Mixer aufschäumen.
Fischfilets mit Zitronensaft beträufeln, salzen und auf der Hautseite in Olivenöl anbraten, nach 4 bis 5 Minuten wenden und fertig braten.Zartweizenrisotto auf Teller anrichten, die drei verschiedenen Filets darauflegen und mit dem Dillschaum garnieren.

Liebliche Landschaften: Blick auf St. Andrä im Lavanttal, dem „Paradies von Kärnten“ (o.), sowie in das Jauntal (r.) mit der Pfarrkirche Stein (ganz rechts)

LAND DER REBEN

Das Lavanttal und Südkärnten

Unser Weg führt uns über die Saualm weiter in den Osten Kärntens zur letzten Station unserer kulinarischen Entdeckungstour. Und je weiter Richtung Osten wir gelangen, desto milder wird das Klima und desto sanfter präsentiert sich auch die Landschaft. Das Lavanttal, eingebettet zwischen Saualm und Koralm an der Grenze zur weststeirischen Weinstraße, zählt zu den schönsten Tälern Südösterreichs und gilt als wahres Wander- und Bikerparadies. Kulturinteressierte finden hier mit dem Benediktinerstift in St. Paul, dem Museum im Lavanthaus und dem Schloss Wolfsberg sehenswerte Ausflugsziele. Die größten Schätze der Region, so sagen Feinschmecker, liegen jedoch in den Küchen und Kellern der zahlreichen Restaurants, Wirtshäuser und Buschenschenken verborgen. Einer davon ist der Lavanttaler Apfelwein. Jedes Frühjahr erblühen unter der warmen Lavanttaler Sonne mehr als eine halbe Million Apfelbäume. Alte Apfelsorten wie Bohnapfel, Marschanska, Brünnling oder Renette werden zu den berühmten „Mostbarkeiten" verarbeitet – und der Most mit seinem herb-fruchtigen Geschmack und dem angenehm geringen Alkoholgehalt ist wohl auch das bekannteste Produkt der Region. In den letzten Jahren hat er allerdings erhebliche Konkurrenz bekommen: Der Weinbau, der hier im südlichsten Bundesland Österreichs eine sehr lange Tradition hat, wurde in den 1970er-Jahren im Lavanttal zu neuem Leben erweckt. So reifen an den sonnigen Südhängen der Saualm und der Koralm heute wieder Weiß- und Grauburgunderreben ebenso wie Sauvignon Blanc, Traminer, Zweigelt oder Blauburgunder.

Das Jauntal weiter südlich ist die Heimat der Jauntaler „Had'n". Die Had'n ist eine spezielle Art von Buchweizen, die in vielen Rezepten und Gerichten der Region eine bedeutende Rolle spielt. Sie wurden von wandernden Völkern aus dem zentralasiatischen Raum nach Europa gebracht und daher unter anderem als „Heidenkorn" bezeichnet, woraus sich ihr umgangssprachlicher Name ableitet. Die Had'n wächst auch auf kargen Böden, zeichnet sich durch eine kurze Vegetationszeit aus und ist reich an wertvollen Vitaminen und Mineralien wie

Kalium, Eisen, Kalzium, Magnesium oder Kieselsäure. Ein wahres Grundnahrungsmittel also und zugleich die wichtigste Zutat einer ganzen Reihe kulinarischer Besonderheiten, vom Sterz über Nudeln bis hin zu Hadnmehlknödeln, Hadntorten und sogar Hadnbier oder Hadnlikör. Vom einmaligen Geschmack der Had'n überzeugt man sich am besten bei einem der zahlreichen Wirte der Region – das gesamte Lavanttal und die Region Südkärnten sind geradezu gesegnet mit einer vielfältigen und qualitativ hochwertigen Wirtshauskultur.

Eine weitere Spezialität aus dem Jauntal ist die Jauntaler Salami, die hier auch als „Königin der Würste" gefeiert wird. Die ausschließlich aus Schweinefleisch gefertigte Salami entwickelt im Laufe ihrer Reife eine feine Würze und einen reinen, ausgeprägten Fleischgeschmack. Und kaum ein Menschenschlag versteht es, seiner Regentin derart eindrucksvoll seine Zuneigung zu beweisen, wie die Jauntaler ihrer Salami: Anfang August treffen sich beim Salamifest im Stiftshof Eberndorf alljährlich Hunderte Menschen, um bei der Krönung der Salami-Prinzessin dabei zu sein. Und gar Tausende sind es, die wenige Tage später beim größten Bauernfest Kärntens, dem Farant–Straßenfest in Globasnitz, dem neuen Salami-König bei seinem Amtsantritt zujubeln.

Das Jauntal ist übrigens auch Austragungsort des Genussmarathons der Region Klopeiner See/Südkärnten. Entlang sieben verschiedener Genusstouren, die zu Fuß oder mit dem Rad zu bewältigen sind, laden zahlreiche Buschenschenken, Gasthöfe und Direktvermarkter zum Verweilen und Verkosten ein. Die Region Klopeiner See/Südkärnten, direkt an der Grenze zu Slowenien, ist überhaupt reich an kulinarischen Festen. Den Auftakt dabei macht alljährlich die Saure-Supp`n-Olympiade Ende Jänner am Pirkdorfer See. Später folgen der Alpen-Adria-Markt Mitte Juni in Völkermarkt, das Jauntaler Salamifest Anfang August, das Riesenspeckfest in Bad Eisenkappel Ende September und das Fest der Jauntaler Genussregion Anfang Oktober in Völkermarkt. Neben Had'n und Salami kann man dort auch noch eine weitere Spezialität aus Südkärnten verkosten: Wein aus Sittersdorf, der kleinen Gemeinde mit der Weintraube im Wappen und der vermutlich ältesten Kellergasse Österreichs. Und wo, wenn nicht hier, wäre der ideale Ort, um auf unsere kulinarische Entdeckungsreise durch Osttirol und Kärnten bei einem guten Glas jungen Kärntner Weins anzustoßen.

Verführt zum Baden: Der Klopeiner See zählt mit Wassertemperaturen von bis zu 30 °C zu den wärmsten Alpenseen

BEI FAMILIE BÄRNTHALER

Die genussvolle Einkehr an der Lavant

Das Obere Lavanttal gilt als eine der schönsten Regionen Kärntens. Dabei hat das beschauliche Naturparadies an der Grenze zur Steiermark nicht nur landschaftlich, sondern auch kulinarisch einiges zu bieten. Und da führt kein Weg am Hotel-Restaurant Bärnthaler vorbei: Auf halber Strecke von Bad St. Leonhard nach Reichenfels lädt der an der Lavant gelegene Gasthof mit der wunderschönen Terrasse zur genussvollen Einkehr während einer Rad- oder Wandertour.

Gegründet wurde der vom Ehepaar Jutta und Hubert Bärnthaler geführte Betrieb ursprünglich auf der gegenüberliegenden Straßenseite, direkt an der Lavant. Die Räumlichkeiten wurden jedoch schon bald zu klein und mussten mehrmals erweitert werden, ehe schließlich das heutige Hotel-Restaurant errichtet und im Jahr 1988 gleich zweimal eröffnet wurde: Der mit der Innenausstattung beauftragte Tischler war zum geplanten Termin noch im Verzug. Die Feier fand dennoch statt und wurde einige Monate später in der fertig eingerichteten Wirtsstube wiederholt. Schon damals setzte Küchenchef Hubert Bärnthaler – der als Koch weit gereist und mit viel kulinarischer Erfahrung in seine Heimat zurückgekehrt war – auf regionale Gerichte und saisonale Schmankerln. Und auf Produkte und Zutaten aus dem Lavanttal. Beim Bärnthaler schmeckt man einfach, dass der Gast König ist – und man merkt es schon beim Bestellen: Da alles frisch gekocht wird, kann auf jeden Wunsch rasch reagiert werden.

Für allerlei frische Ideen in der Küche sorgt übrigens auch die nächste Generation in Person von Sohn Christian. Nicht nur beim Bärnthaler selbst: Der kreative Jungwirt hat mit dem B-Quadrat in Bad St. Leonhard erst kürzlich ein modernes, junges Restaurant mit Barbetrieb eröffnet – und damit ein wenig „urbanes Flair" ins sonst so beschauliche Obere Lavanttal gebracht.

Gmanteller mit Grantnschleck

Dieses Rezept finden Sie auf Seite 184

HOTEL RESTAURANT BÄRNTHALER
Familie Bärnthaler
Obdacher Straße 290a
A-9462 Bad St. Leonhard
Telefon 00 43 (0) 43 50 / 24 01
www.baernthaler.com

„AUF ZU SISSY UND FRANZL!"

Große Kochkunst im kleinsten Dorf des Lavanttales

Eine Kirche, eine Feuerwehr und ein Gasthaus: Mehr braucht man nicht, dachte sich Franz Deixelberger vor einigen Jahren und ernannte das auf 923 Metern Seehöhe gelegene Gräbern kurzerhand zum kleinsten Dorf des Lavanttales. Und mittendrin: sein Gasthof Deixelberger! Schon vor bald 300 Jahren gab es an dieser Stelle eine Gaststätte. Das heutige moderne Restaurantgebäude wurde im Jahr 1985 errichtet und gilt mit seiner sehenswerten Zirbenstube als eines der schönsten im gesamten Lavanttal. Die Seele des Hauses, so Franz Deixelberger, ist jedoch seine Frau Elisabeth, kurz Sissy, eine diplomierte Diätköchin, die den Gasthof zusammen mit ihm im Sommer 2012 wieder eröffnet und seither viele neue Ideen eingebracht hat.

„Wir wollten einfach anders sein", verrät sie ihr Erfolgsrezept. Dabei bedarf es natürlich einiger Konsequenz. „Am Wochenende bieten wir immer kulinarische Highlights", sagt Franz Deixelberger, der mit seiner Frau auch eine Landwirtschaft betreibt. „Mittlerweile sind wir für diese Kreationen bekannt!" Ob die herzhaft-g'schmackige „Glundner-Kas-Supp'n" mit dem selbst gemachten Glundnerkäse, die Cremesuppe aus der schwarzen Trüffelkartoffel, die kreativen Fischgerichte oder Spezialitäten vom Almochsen – „Sissy & Franzl" lieben es, ihre Gäste zu überraschen. Denn hier wird ohnehin alles frisch zubereitet, mit Produkten aus der eigenen Landwirtschaft oder aus der Genussregion Lavanttal. Sogar das Fleisch des berühmten Almochsen stammt von den eigenen Tieren. So haben Sissy und Franz Deixelberger es geschafft, sich innerhalb ihres ersten gemeinsamen Jahres gleich eine Vielzahl an Auszeichnungen und Qualitätssiegeln zu erkochen – und das kleinste Dorf des Lavanttales noch ein wenig bekannter zu machen.

HOTEL GASTHOF DEIXELBERGER
Elisabeth und Franz Deixelberger
Gräbern 18
A-9461 Prebl
Telefon 00 43 (0) 43 53 / 3 66
Mobil 00 43 (0) 6 64 / 2 61 34 91
www.urlaub-lavanttal.at

FAMILIÄRE GASTFREUNDSCHAFT

Im Gasthof Zoller fühlt man sich gleich zu Hause

Der Gasthof Zoller ist ein Familienbetrieb im allerbesten Sinn. Gemüse, Obst und Kräuter werden von Oma Hilde gleich nebenan im Garten geerntet, Marmelade und Schnaps werden selbst gekocht bzw. destilliert, und die Milchprodukte und das Fleisch stammen von der Landwirtschaft des Bruders von Traudi Stückler, die mit ihrem Mann Peter den auf 920 Metern Seehöhe gelegenen Gasthof bereits in fünfter Generation führt.

Neben gepflegter österreichischer Küche und Kärntner Hausmannskost kann man hier hoch über dem Lavanttal saisonale Spargel- und Kürbisspezialitäten genießen. Dazu regionale Köstlichkeiten wie die berühmten „Leberlan“ oder „Ritschert“. Bei Ersteren handelt es sich um faschiertes Beuschl, Stelzenfleisch und Kopffleisch von Germteig ummantelt und im Schweinsnetz herausgebacken; das Ritschert wiederum wird im Lavanttal mit geselchter Stelze, Rollgerste und Wurzelwerk zubereitet und ist – mit Schwarzbrot serviert – vor allem in der kalten Jahreszeit ein wahrer Genuss.

Wer's nicht ganz so deftig mag, dem seien die Wildgerichte im Gasthof Zoller ans Herz gelegt. Peter Stückler ist Aufsichtsjäger und bringt daher immer wieder einen frischen Abschuss von der Saualm mit nach Hause. Und auch von der Jagd des Grafen Henkel von Donnersmarck nimmt die Familie Stückler so manches Wild ab. Ganz besonders, wenn am Wochenende wieder eine Feier geplant ist. Denn der inmitten des Wander- und Mountainbike-Paradieses Saualpe gelegene Gasthof bietet mit dem großen Orchideensaal, dem sonnigen Wintergarten und dem Gastgarten samt riesigem Kinderspielplatz viel Platz für Firmenfeiern, Taufen oder Hochzeiten. Und dann sind auch die erwachsenen Töchter von Traudi und Peter Stückler fleißig am Mitarbeiten – ein echter Familienbetrieb eben.

Zweierlei vom Saualmgams mit Paprikapolenta (u.)

Dieses Rezept finden Sie auf Seite 184

GASTHOF PENSION ZOLLER
Traudi und Peter Stückler
Forst 57
A- 9412 St. Margarethen im Lavanttal
Telefon 00 43 (0) 43 52 / 6 13 57
www.zoller-urlaube.at

GENUSSURLAUB AM BAUERNHOF

Beim Forstnerwirt fühlen sich große und kleine Feinschmecker wohl

Rindsroulade mit Weißweinrisotto
Dieses Rezept finden Sie auf Seite 185

Der Gasthof der Familie Baldauf, vulgo Forstnerwirt, liegt auf 968 Metern Seehöhe, direkt am Dorfplatz von Forst. Von hier aus hat man einen herrlichen Blick über die Saualm und Koralm bis hinunter zur südlichen Landesgrenze Kärntens. Und gleich davor, im Schatten einer 180-jährigen Linde, spielen sich auch große Teile des gesellschaftlichen Lebens des knapp 450 Einwohner zählenden Lavanttaler Dorfes ab – vom Setzen des Maibaums über den Kirchtag am Sonnwendsonntag bis zu den Festen der örtlichen Vereine.

Einer dieser 450 Einwohner ist Forstnerwirt-Juniorchef Christian Baldauf, ein richtig kreativer Küchenchef. Als gelernter Koch zaubert er im elterlichen Betrieb traumhafte Gerichte mit Zutaten vom eigenen Biobauernhof – wie den berühmten Schweinsbraten oder die schon legendären Rindfleischgerichte aus der hofeigenen Mutterkuh-Tierhaltung.

Darüber hinaus bietet die Familie Baldauf Urlaub am Bauernhof an. Vom Forstnerwirt aus können große und kleine Feriengäste beinahe endlose Wanderungen unternehmen und neben der frischen Bergluft auch die herrlichen Produkte vom Biobauernhof genießen. Schon beim Frühstück schmeckt man den Unterschied: Es gibt täglich frische Kuhmilch, dazu Butter, Käse und selbst gebackenes Brot, Marmelade, Kärntner Reindling, Honig, Haussalami, Fleisch und Obst – alles großteils aus der eigenen Biolandwirtschaft. Die Kräuter wachsen nebenan im Garten, und im Herbst wird der hauseigene Apfelmost gepresst. Der passt übrigens besonders gut zur hauseigenen Lavanttaler Jause. Und nach dem Essen gibt's einen Zirben-, Weichsel- oder Schwarzbeerenschnaps, der von der Familie Baldauf natürlich ebenfalls selbst angesetzt wird.

GASTHOF PENSION BALDAUF
VLG. FORSTNERWIRT
Familie Baldauf
Forst 39
A-9412 St. Margarethen
Telefon 00 43 (0) 43 52 / 6 13 56
www.urlaubambauernhof.at/forstnerwirt

Gasthaus
Wirt in Pollheim

DER POLLHEIMERWIRT

Kulinarischer und kultureller Mittelpunkt von St. Michael

Kalbsrücken mit Frühlingskräuterkruste
Dieses Rezept finden Sie auf Seite 185

Im Lavanttal versteht man sich aufs gute Essen – und aufs Feiern. Als im Herbst 2013 einige Mitarbeiter des Pollheimerwirts ihrer Chefin Claudia Jöbstl den Vorschlag machten, die traditionell ruhigere Herbstzeit mit einem kleinen Fest zu beleben, lud die kreative Wirtin zu einem Oktoberfestabend. Und mehr als 500 Lavanttaler folgten dieser Einladung.

Bereits im Jahr 1812 wurde der Pollheimerwirt in St. Michael gegründet. 2004 übernahmen Peter Jöbstl jun. und seine Frau Claudia den Hof und bauten die Jausenstation zu einem Gasthaus mit warmer Küche aus. Neben der traditionellen Lavanttaler Jause werden seither Köstlichkeiten vom Lamm, Ribeye-Steaks, Grillteller, Backhendl, der beliebte Lavanttaler Mostbraten sowie Forellen, Zander oder auch Garnelen serviert. Und natürlich der berühmte Jöbstl-Most, der aus eigenen Äpfeln und Birnen gepresst und im geräumigen, unterirdischen Mostkeller gelagert wird.

Der Pollheimerwirt ist nicht nur kulinarischer, sondern auch kultureller Mittelpunkt der kleinen Lavanttaler Gemeinde. Die Sängerrunde St. Michael wurde hier ebenso gegründet wie die Brauchtumsgruppe Decrignis. Neben dem regionalen Brauchtum spielen aber auch die Produkte aus der Region beim Pollheimerwirt eine große Rolle. So findet sich selbst auf der gut sortierten Weinkarte so manche regionale Besonderheit, wie der Isabella Frizzante oder der Chardonnay, der auf den sonnigen Hängen des benachbarten Weinguts Klade angebaut wird. „Anfangs war es nicht einfach", gesteht Claudia Jöbstl, „denn unsere Gäste sind aufgrund der Nähe zu den steirischen Weinbaugebieten sehr verwöhnt. Mittlerweile wird der Lavanttaler Wein aber auch bei vielen Feiern explizit gewünscht."

GASTHAUS POLLHEIMERWIRT
Familie Jöbstl
Pollheim 4
A-9411 St. Michael
Telefon 00 43 (0) 43 52 / 6 10 31
www.pollheimerwirt.at

Schmuck N.16

ALLES GUTE VOM BAUERN

In Wolfsberg gibt's Käse und Brot direkt vom Hof

Josef Schifferl sen. war lange Jahre Käsemeister der Wolfsberger Molkerei. Als diese 1996 geschlossen wurde, stand er vor der Wahl, sich im Vollerwerb um den eigenen Hof zu kümmern oder in der Käsebranche zu bleiben – und er entschied sich für beides. Er und seine Gattin Gertrude stellten die Viehwirtschaft auf Holstein-Friesian-Rinder um, die als besonders ergiebige Milchkühe bekannt sind, und seither fertigt man im idyllischen St. Thomas bei Wolfsberg feinsten Käse.

Heute wird der inzwischen vollständig auf Bio ausgerichtete Betrieb von Josef Schifferl jun. und seiner Frau Hildegard bewirtschaftet. 20 000 Liter hoffrische Vollmilch werden jedes Jahr zu 15 Käsesorten und anderen Milchprodukten verarbeitet. Die Spezialitäten der Wolfsberger Hofkäserei kann man in Bäckereien und Fleischereien im ganzen Land und natürlich im eigenen Hofladen kaufen. In der Käserei der Familie Schifferl finden außerdem ganzjährig Führungen sowie Verkostungen im Gustierraum statt – bei einem guten Glas Apfelsaft oder dem berühmten Lavanttaler Most und selbst gemachtem Bauernbrot. Von mild bis würzig reicht die Käsepalette, vom Frischkäse bis zum monatelang gereiften Hartkäse wie dem großlöchrigen St. Thomaser Dorfkäse, der aus zwölf Litern Biorohmilch pro Kilo hergestellt wird. „Die Biorohmilch ist zwar aufwendiger in der Verarbeitung; der Käse entwickelt dafür einen viel kräftigeren Geschmack", erklärt Hildegard Schifferl. Besonders gut verträgt sich dieser im Fall des St. Thomaser Dorfkäses mit dem jungen Lavanttaler Wein – Verkostungen mit den Weinbauern der Region stehen daher immer wieder auf dem Programm.

Übrigens: 2013 waren Josef und Hildegard Schifferl mit ihren Bioprodukten erstmals beim Weihnachtsmarkt „Gutes vom Bauernhof" im Wiener Palais Lobkowitz vertreten. Und vielleicht gibt's die Käsespezialitäten aus dem Lavanttal ja bald regelmäßig auch außerhalb Kärntens zu kaufen.

WOLFSBERGER HOFKÄSEREI SCHIFFERL
Familie Schifferl vlg. Schmuck
Rikliweg 12
A-9400 Wolfsberg
Telefon 00 43 (0) 43 52 / 5 16 52
www.kaese-schifferl.at

DIE BLUMENOASE AM WEINBERG

Der Thürnerwirt ist ein Ausflugsziel für die ganze Familie

Das Lavanttal ist ein wahres Paradies für Freunde gepflegter Wirtshauskultur. Vor allem rund um die Bezirkshauptstadt Wolfsberg findet man eine Vielzahl bezaubernder kleiner Ortschaften mit Gasthöfen von teils ganz beachtlicher kulinarischer Qualität – so auch den Thürnerwirt in St. Stefan in unmittelbarer Nähe der Weinberge des bekannten Schlosses Thürn, das zugleich Namensgeber des Gasthofs ist.

Die Familie Schliefnig hat den Thürnerwirt vor knapp zwei Jahrzehnten übernommen und sich seither in die Herzen vieler Stammgäste aus dem gesamten Wolfsberger Raum gekocht. Wirt Helmut Schliefnig schwingt den Chefkochlöffel mit sehr viel Ruhe, Liebe und Kreativität – und arbeitet am liebsten mit dem, was die Natur gerade zu bieten hat. Alle zwei Wochen kann man aus einer neuen Empfehlungskarte wählen, dazu gibt es Spezialitätenwochen mit Kürbis, Spargel, Nudeln, Steaks, Wild und vielem mehr – und nicht zu vergessen: die Schmankerln vom Grill und das köstliche Saualm-Pfandl.

Ein besonderes Erlebnis ist ab etwa Mitte des Frühjahrs der wunderschöne Blumenschmuck am und rund um den Thürnerwirt. Der sehenswerte Gastgarten, aber auch die Balkone der Gästezimmer verwandeln das Haus alljährlich in eine Blumenoase. Der Gastgarten zählt zu den schönsten weit und breit und bietet einen herrlichen Blick auf die Koralpe und das Schloss Thürn. Die erholsame Ruhe wird vom Rauschen des nahen Reischbergbaches begleitet und höchstens vom Lachen der Kinder am gut geschützten Kinderspielplatz unterbrochen. Hier lässt es sich aushalten – und im Schatten der großen Nussbäume so mancher heißer Sommertag und lauer Grillabend genießen.

Saualm-Pfandl
Dieses Rezept finden Sie auf Seite 186

GASTHOF PENSION THÜRNERWIRT
Familie Schliefnig
Siegelsdorf 16
A-9431 St. Stefan
Telefon 00 43 (0) 43 52 / 8 12 00
www.gasthof-thuernerwirt.at

INTERNATIONAL COOKING

Bernie Jandl verwöhnt im Anfora am St. Andräer See

Bernhard Jandl ist wahrscheinlich der am weitesten gereiste Koch des Lavanttales. Begonnen hat seine Karriere im Tiroler Ischgl, wo er in den 80er-Jahren im Goldenen Adler eine Kochlehre absolvierte. Danach ging es auf die Kanalinsel Jersey, nach Australien und nach Singapur. Und jede dieser Stationen hinterließ einen prägenden Einfluss auf das kulinarische Wirken des angehenden Meisterkochs. Zurück in Europa arbeitete er ein Jahr in Venedig und anschließend vier Jahre als Executive Head Chef mit 180 Mitarbeitern in London.

Seit fünf Jahren ist Bernhard Jandl zurück in der Heimat und nimmt seither im kleinen, feinen Ambiente des Anfora seine Gäste mit auf kulinarische Weltreisen. Verwöhnt wird unter anderem mit mediterranen Köstlichkeiten oder original japanisch zubereitetem Sashimi. Bernie Jandl war zum Abschluss seiner Londoner Zeit sogar einige Monate in einem japanischen Restaurant, um sich die Feinheiten der dortigen Sushi-Meister anzueignen.

Beinahe legendär sind die auf den Punkt gegarten Rib-Eye-Steaks und Entrecôtes, die vor den Augen der Gäste am offenen Buchenholzgrill leicht angebraten werden und langsam ziehen, bis sie ihren typischen, leicht rauchigen Geschmack entwickeln. Nicht nur ein kulinarischer, sondern auch ein optischer Genuss. So wie überhaupt das Essen im Anfora zum innigen Erlebnis wird – auch zwischen den Gästen und dem Küchenteam. Denn vom Restaurant aus blickt man direkt in die Küche und kann der Mannschaft rund um Meisterkoch Jandl beim Zubereiten der Speisen zusehen. „Bei uns wird nicht gekünstelt", so Bernhard Jandl. „Alles schmeckt so, wie es schmecken soll." Eine Philosophie, für die der Lavanttaler Küchenmeister vom Restaurantführer „Wo isst Österreich" im Jahr 2012 sogar zum Kärntner Aufsteiger des Jahres gekürt wurde.

RESTAURANT ANFORA
Bernhard Jandl
St. Jakob 35
A-9433 St. Andrä
Telefon 00 43 (0) 6 64 / 1 17 25 71
www.restaurant-anfora.at

SÜDKÄRNTNER LEBENSART

Beim Mochoritsch schmeckt man die Liebe zur Natur

Erdäpfelguglhupf
Dieses Rezept finden Sie auf Seite 186

Fragt man einen Urlauber auf der Griffen-Rast in der Nähe von Völkermarkt, was denn an Kärnten das Besondere sei, so erhält man meist drei Antworten: die Landschaft, die Menschen und die durch die Nähe zu Slowenien und Italien bedingte kulturelle Vielfalt. Und diese drei Dinge sind es auch, die die Familie Jernej prägen, die hinter den Mochoritsch-Betrieben in Rückersdorf, in Seelach am Klopeiner See und der Griffen-Rast steht. Mehr über die Familienphilosophie erfährt man bei einem Gespräch mit Hannes Jernej. Er ist für das Marketing und für die Landwirtschaft, eine der wichtigsten Zutaten des Mochoritsch-Erfolgsrezeptes, zuständig. „Unser Vater hat uns beigebracht, Herausforderungen anzunehmen und immer mit beiden Beinen am Boden zu stehen", erklärt er. „Und wie wichtig es ist, dass sich nicht nur die Gäste, sondern auch die Mitarbeiter wohlfühlen. Dadurch haben wir ein sehr gutes Betriebsklima, und alle kommen jeden Tag gerne hierher."

Begonnen hat also alles mit Vater Josef Jernej, der gemeinsam mit seiner Frau Anna vor über 50 Jahren den Mochoritsch in Rückersdorf übernommen hat. Anna Jernej ist noch immer im Betrieb tätig. Außer ihr noch Tochter Anja sowie die Söhne Hannes und Josef. Die Mitglieder der Familie sind ständig präsent und immer für die Gäste und Mitarbeiter da: ganzjährig in der Griffen-Rast und in der warmen Jahreszeit im Stammhaus in Rückersdorf und im Mochoritsch-Eck in Seelach. Diese beiden Betriebe sorgen von Mai bis September für Sommerfeeling pur bei den vielen Einheimischen und Urlaubern in der Region Klopeiner See. Auf der Terrasse wird bis spätabends gegrillt, dazu gibt es eine große Auswahl erntefrischer Salate von den eigenen, nahe gelegenen Feldern, Kärntner Brettljausen mit hausgemachtem Schinken, Speck und Würsten aus der Mochoritsch-Landwirtschaft, eine gut sortierte Auswahl an Weinen aus den umliegenden Alpen-Adria-Regionen und gleich mehrere

frisch gezapfte Biersorten vom Fass, darunter das hiesige Hirter Bier oder das herb-frische Laško Pivo aus dem benachbarten Slowenien.

Überhaupt wird beim Mochoritsch auf das Völkerverbindende geachtet. Die Familie Jernej entstammt selbst dem zweisprachigen Kulturkreis, durch das Beherrschen mehrerer Sprachen fällt auch das Knüpfen von Kontakten leichter. Und die kulturelle Offenheit schmeckt man: Eine Vielzahl der Gerichte wird mit Zutaten aus dem Mittelmeerraum verfeinert, und auch den großen, bunten Salatteller kann man eigenhändig mit Salz aus Piran und Olivenöl aus Istrien abschmecken.

Außerdem lädt die Familie Jernej gerne Produzenten aus den Nachbarländern zu kulinarischen Festtagen ein, an denen die Menschen und die Küche aus so wunderschönen Regionen wie Friaul, Julisch-Venetien, Slowenien oder Istrien präsentiert werden. Aber auch den innerösterreichischen Kulturaustausch vergisst man nicht: Der Mochoritsch-Hauswein kommt heuer zum Beispiel vom Weingut Gross aus der Südsteiermark, wobei der weiße Hauswein ein echter Alpen-Adriate ist: Die Trauben wachsen auf den Weinhängen der Familie Gross bei Ptuj in der slowenischen Steiermark. Das dortige Klima und der besondere Boden ergeben einen lebendigen, frischen Wein, der wunderbar zu einer kräftigen Kärntner Jause, aber natürlich auch zu jedem Fischgericht passt.

Im Stammhaus in Rückersdorf setzt man nicht nur auf kulinarischen, sondern auch auf musikalischen Kulturaustausch. In den Sommermonaten tritt jeweils dienstags ein Chor aus Kärnten oder Slowenien auf. Donnerstags und freitags gibt es Popmusik und Evergreens zum Mitsingen, und die gute Stimmung, die dabei entsteht, ist ansteckend. Am Spieß dreht sich ein Spanferkel. Dazu kann man ein herzhaftes Steak vom Holzkohlengrill oder einen Schweinsbraten, Lamm oder Oktopus aus der Peka genießen. Die Peka ist ein im Adriaraum beheimateter, gusseiserner Grill, in dem Fleisch und Gemüse ganz langsam in Aschetöpfen gegart werden. Das Ergebnis sind eine wunderbar weiche Konsistenz sowie ein unvergleichlicher Geschmack.

Im Mochoritsch-Eck wird der etwas kleinere Hunger gerne mit den Mocho-Tapas oder einem kräftigen Heißbrot gestillt. Und als Zeichen besonderer Gastfreundschaft serviert man zum Getränk das beliebte „Häppchen" – eine kleine Kostprobe aus dem hauseigenen Bauernmarkt. Als das Kultgericht auf der Griffen-Rast gilt „Kärntens schnellste Suppenschüssel", die, kaum hat man sein Menü bestellt, auch schon serviert wird. Die Suppenschüssel gibt es täglich in mehreren g'schmackigen Variationen und wird – wie alles beim Mochoritsch – zum größten Teil mit Produkten aus der eigenen Landwirtschaft zubereitet. Eigener Salat, eigenes Gemüse und eigenes Fleisch – ein Unterschied, den man einfach schmeckt.

Ganz nahe bei Rückersdorf, am Fuße der mächtigen Karawanken, befinden sich die weiten Mochoritsch-Salatfelder. Die „Landwerker", wie die Mitarbeiter hier liebevoll genannt werden, bauen neben Blattsalaten auch Tomaten, Kraut, Paprika, Zucchini und gleich mehrere Kürbissorten an. Mit nichts anderem als viel Sorgfalt, reinem Quellwasser, ausreichend Sonne und den wertvollen Vitaminen und Mineralstoffen des fruchtbaren Bodens. Auch der Großteil des Schweinefleisches stammt aus der Mochoritsch-Landwirtschaft und wird in der eigenen Fleischhauerei frisch verarbeitet. Die Schweine erhalten ausschließlich Gerste, Soja, Mais und Grünfutter. Das zarte und zugleich feste Fleisch dankt es mit einer feinen Marmorierung und einem besonders herzhaften Geschmack.

Was nicht aus der eigenen Landwirtschaft stammt, wird großteils von Produzenten aus der Umgebung zugekauft: Das Bauernbrot kommt von Manfred Greiner aus Globasnitz. Das Getreide für das Biobrot wächst auf den Feldern von Hannes Tomic in Buchbrunn und wird vom Unterburger Bäcker Oswald Schuhfleck gebacken. Die Erdäpfel werden von Gregor Mischkulnig aus Treffen bei Velden geliefert, und der Käse gelangt in der Wolfsberger Hofkäserei Schifferl sowie beim Bio-Käsebauern Reinhard Skofitsch in Mittertrixen zur wohlschmecken-

den Reife. Die Mochoritsch-Salate werden mit dem milden Apfelessig vom Lavanttaler Lenzbauer sowie Robert Erschens Sonnenblumenöl aus Globasnitz gewürzt, und auch Kärntner Nudeln dürfen auf der Speisekarte natürlich nicht fehlen: Sie werden vom Torbauer Alexander Neunteufel in Friesach gerandelt. Die frische Milch und das Joghurt für die feinen Nachspeisen kommen von der Familie Skuk aus Schattenberg, die fangfrischen Forellen vom Pfaffendorfer Fischzüchter Horst Sadovnik, und das ausgezeichnete Rindfleisch stammt von den Nockalmbauern.

Die meisten dieser Produkte findet man übrigens auch in den herrlich duftenden Bauernmärkten in der Griffen-Rast, in Rückersdorf und im Mochoritsch-Eck als Mitbringsel für die Liebsten zu Hause oder für sich selbst. Daneben hervorragenden Kärntner Chardonnay von Sem Kegley und Georg Lexer aus Karnburg, wohltuende Biotees von Uta-Elisabeth Haimburger aus Brückl, Lebkuchen vom Bleiburger Konditor Gottfried Stöckl und die unverzichtbaren Holzbrettln für die Kärntner Jause von Friedrich Mokina aus Müllnern.

Es ist die Summe all dieser so stimmigen Details, die den Mochoritsch als Ganzes zum Erlebnis werden lässt. Wie auch der Umstand, dass die Griffen-Rast mit einer eigenen Hackschnitzelanlage energieautark betrieben und das Wasser im Stammhaus in Rückersdorf ausschließlich mit Solarenergie erwärmt wird. „Wir wissen, was wir der Natur verdanken und achten daher auf sie“, sagen die Mitglieder der Familie Jernej abschließend. Und Vater Josef würde ihnen wohl zustimmen.

Topfenreinkalan mit Grammeln
Dieses Rezept finden Sie auf Seite 186

MOCHORITSCH
Familie Jernej

MOCHORITSCH ECK
Seelach am Klopeinersee

MOCHORITSCH STAMMHAUS
Rückersdorf 5
A–9123 St. Primus
Telefon 00 43 (0) 42 37 / 22 12

MOCHORITSCH GRIFFEN-RAST
(Autobahnausfahrt Griffen)
Gewerbestraße 11
A–9112 Griffen
Telefon 00 43 (0) 42 33 / 2 53 53

www.mochoritsch.at

KIRCH WIRT Kolleritsch
PUNTIGAMER BIER
SOMM
Die Streiche des Scapin

DER WIRT VON EBERNDORF

Vorm Festspielbesuch geht's traditionell zum Kolleritsch

Der „Kolleritsch" liegt in unmittelbarer Nähe des ehemaligen Augustiner-Chorherren-Stifts Eberndorf und ist so etwas wie der Dorfwirt der zweisprachigen Südkärntner Gemeinde. Und wie das berühmte Stift blickt auch das Wirtshaus am Kirchplatz auf eine bewegte Geschichte zurück. Gegen Ende des Zweiten Weltkrieges wurde die einstige Wirtschaft geschlossen und 1948 als „Kirchenwirt" wiedereröffnet. Von Konrad Kolleritsch, einem gebürtigen Kanaltaler, der während des Krieges nach Österreich kam und das Wirtschaftsgebäude zu einem Gasthof umbaute, in dem mittlerweile bereits die dritte Generation – in Person von Konrad Paul Kolleritsch und Gattin Michaela – die Gäste mit Kärntner Spezialitäten aus eigener Landwirtschaft verwöhnt.

Der junge Wirt steht selbst am Herd und kocht mit seinem Team alles frisch und ausschließlich mit regionalen Zutaten. Die Speisekarte ist klein, aber fein und wird stets durch saisonale Schmankerln ergänzt. Michaela Kolleritsch zapft derweil frisches Bier hinter der großen Schank in der Wirtsstube, wo man sich am Abend oder am Wochenende zum Plaudern trifft. Dazu gibt es gleich drei Säle für Familien- und Firmenfeiern und eine sehenswerte Terrasse, die im Sommer als Treffpunkt vor den Theaterspielen im Stiftshof Tradition hat.

Auf ebenso viel Tradition kann Konrad Kolleritsch mit dem Eberndorfer Kirchtag verweisen, den er jedes dritte Wochenende im Oktober veranstaltet. Ein Tipp: Wer zu dieser Zeit hier zu Gast ist, sollte unbedingt die berühmte Saure Supp'n verkosten, die nur zweimal im Jahr ausgekocht wird. Und auf alle, die nach dem Kirchtag etwas länger bleiben oder einen Urlaub in Eberndorf verbringen möchten, warten schöne Fremdenzimmer – und ein großer Privatstrand am nahen Gösselsdorfer See, der den Pensionsgästen exklusiv zur Verfügung steht.

Kärntner Ritschert

Dieses Rezept finden Sie auf Seite 187

GASTHOF PENSION KIRCHENWIRT
Konrad Paul Kolleritsch
Kirchplatz 4
A-9141 Eberndorf
Telefon 00 43 (0) 42 36 / 20 25
www.kolleritsch.net

POP-ART UND SAURE SUPP`N

Gerhard Marin verwöhnt mit Kärntner Küche und Austro-Pop

Kärntner Schnitzel
Dieses Rezept finden Sie auf Seite 187

Gerhard Marin ist mit ganzem Herzen Wirt. Das spürt man, wenn er von seinen Mitarbeitern spricht oder wenn er seine bemerkenswert einfache Geschäftsphilosophie auf den Punkt bringt: „Essen gehen muss ein Erlebnis sein und für die ganze Familie leistbar bleiben." Entsprechend g`schmackig und abwechslungsreich liest sich auch die Speisekarte seines Café-Restaurants am Campingplatz am Südkärntner Pirkdorfer See. Hier, am Fuße der majestätischen Petzen, werden die Gäste mit einem bunten Programm verwöhnt, sowohl kulinarisch als auch kulturell.

Alljährlich Ende Jänner zum Beispiel findet am See die Jauntaler Saure-Supp`n-Olympiade statt. Zwölf Wirte aus der Region kochen aus und stellen sich mit ihren Suppenkreationen einer Fachjury. Auch zur Freude der zahlreichen Gäste, die die wohlschmeckenden Ergebnisse des kulinarischen Wettstreits danach verkosten können. Der Fantasie der Köche sind keine Grenzen gesetzt – nur Kuttelflecken und Schweinshaxen dürfen in einer echten Jauntaler Sauren Supp`n nicht fehlen.

Ebenso traditionell: der alljährlich im Juni veranstaltete Austro-Pop-Ball, bei dem neben so mancher rot-weiß-roten Musiklegende auch der Wirt selbst mit seiner Band auf der Bühne steht. Ein Highlight im Restaurant ist die vom Bleiburger Glaskünstler Andi Schipek geschaffene Austro-Pop-Ahnengalerie – die „Living Bottles des Austro-Pop" – mit Originalautogrammen von Künstlern wie Supermax, Heinrich Walcher oder Opus.

Und wenn es nach dem Ball wieder still wird „uman See", kann man die kulinarischen Köstlichkeiten und den Blick auf die Karawanken in aller Ruhe genießen. Ganzjährig übrigens, denn auch im Winter hält Gerhard Marin sein Restaurant jedes Wochenende geöffnet – und belohnt die fleißigen Langläufer, die neben dem See ihre Spuren ziehen, mit einer Portion Buchteln mit Vanillesauce auf Kosten des Hauses.

RESTAURANT PIRKDORFER SEE
Gerhard Marin
Pirkdorf 29
A-9143 Feistritz ob Bleiburg
Telefon 00 43 (0) 42 30 / 3 21
www.pirkdorfersee.at

DIE KRONE VON LAVAMÜND

Ein altes Gasthaus in neuem Glanz

Im November 2012 brach ein Jahrhunderthochwasser über die Südkärntner Gemeinde Lavamünd herein und setzte das unmittelbar an der Drau gelegene, historische Gasthaus zur Krone fast vollständig unter Wasser. Im Sommer 2013 wurde die Krone von Wirtin Adele Gnamusch wiedereröffnet – und strahlt seither schöner als je zuvor. Schon beim Betreten des neu gestalteten Café-Bereichs begeistert die Liaison aus alter Bausubstanz und modernem Design. Nachdem der Putz von den Wänden des rund 450-jährigen Gebäudes geschlagen wurde, kam eine jahrhundertealte Steinmauer zum Vorschein, die einen faszinierenden Kontrast zur eleganten, aus Salzstein gearbeiteten Theke bildet.

In der Mitte des Cafés führt ein ins Gewölbe geschlagener Abgang über eine Stiege aus handgeschliffenem Vulkangestein in den urgemütlichen Weinkeller. Nach dem Freilegen der alten Kellerräume wurden auch diese behutsam restauriert. Ein weiteres Schmuckstück der Krone befindet sich im Erdgeschoss hinter einer mehr als 100 Jahre alten Holztür: die sogenannte „Schwarze Kuchl", eine ehemalige Rauchkuchl, die einen stimmungsvollen Rahmen für kleinere Feiern bietet, während sonstige Veranstaltungen und Seminare im großen, im mediterranen Stil gestalteten Gastraum stattfinden. Die Speisekarte hält Adele Gnamusch bewusst klein. Gekocht wird vielmehr auf Bestellung – dann jedoch mit Leidenschaft. Alljährlich im August findet, begleitet von beschwingtem Big-Band-Sound, der schon traditionelle „Fischabend" mit herrlichen Fischspezialitäten statt.

Die Krone liegt am Schnittpunkt des Lavant-Radwegs R10 und des Drau-Radwegs R1, und vor allem die Weinlaube am Ufer der Drau gilt als beliebter Radlertreff. Der überdachte Sitzgarten vor der Krone – am Lavamünder Hauptplatz – wird dagegen gerne von PS-stärkeren Bikern genutzt, die hier bei einer Motorradtour über die Soboth eine kurze Pause einlegen.

Schweinefilet im Tramezzone-Mantel mit Spargel

Dieses Rezept finden Sie auf Seite 187

GASTHOF CAFÉ KRONE
Adele Gnamusch
Lavamünd 15
A-9473 Lavamünd
Telefon 00 43 (0) 43 56 / 22 95
www.gasthaus-krone.at

REZEPTE

Wildspezialitäten: Gmanteller mit Grantnschleck (l.) aus der Küche der Bärnthaler (M.) und Saualmgams mit Paprikapolenta (r.) vom Zoller

GMANTELLER MIT GRANTNSCHLECK

Hotel Restaurant Bärnthaler, Seite 154

ZUTATEN FÜR 4 PERSONEN

FÜR DAS WILDRAGOUT:

600 g Wildfleisch (Hirsch, Reh), Öl zum Anbraten, Wurzelgemüse, 1 EL Tomatenmark, Rotwein, Suppe, 1 Apfel, 1 TL Preiselbeeren, Gewürzmischung für Wild, Wacholderbeeren, 1 Zwiebel, Speck, Champignons oder Steinpilze, Butter, etwas Mehl, etwas Zitronensaft, Sahne zum Verfeinern, Madagaskar-Pfefferkörner nach Bedarf, Salz und frisch gemahlener Pfeffer

FÜR DIE REHKOTELETTS:

8 Koteletts, Salz und Pfeffer, etwas Zitronensaft

FÜR DIE SEMMELKNÖDEL:

200 g Knödelbrot, 2 Eier, 200 ml Milch, 40 g Butter, Zwiebel, 20 g Mehl, Salz und Pfeffer

FÜR DEN GRANTNSCHLECK:

Sahne, Preiselbeeren

ZUBEREITUNG

Das Fleisch für das Wildragout in Würfel schneiden und in heißem Fett kurz anbraten, Fleisch herausnehmen. Das Wurzelgemüse grob klein schneiden und ebenfalls anbraten. Tomatenmark dazugeben und mit Rotwein ablöschen, anschließend mit Suppe aufgießen. Einen Apfel schälen und klein schneiden. Den Apfel, die Preiselbeeren, die Wildgewürzmischung, Wacholderbeeren und das Fleisch dazugeben. Alles so lange dünsten, bis das Fleisch weich ist (circa 30 Minuten, je nach Fleischqualität). Das Fleisch herausnehmen und die Sauce zum Beispiel mit der „Flotten Lotte" passieren.

Die Zwiebel klein hacken, Speck würfeln und Champignons (oder Steinpilze) klein schneiden. Alles in Butter anrösten, mit Mehl bestäuben, mit Sauce aufgießen, Fleisch dazugeben, aufkochen, mit Salz, Pfeffer und Zitronensaft abschmecken und mit Sahne verfeinern. Wer es etwas schärfer mag, kann das Ragout auch noch mit eingelegten Madagaskar-Pfefferkörnern verfeinern.

Die Rehkoteletts mit Salz, Pfeffer und etwas Zitronensaft würzen, in der Pfanne rosa braten.

Für die Semmelknödel das Knödelbrot mit den Eiern und der heißen Milch anmachen, mit Salz und Pfeffer würzen. Die in der Butter angerösteten, fein geschnittenen Zwiebeln sowie das Mehl dazugeben. Daraus die Knödel formen und anschließend circa 10 bis 15 Minuten in Salzwasser kochen.

Für den Grantnschleck die Sahne schlagen und mit Preiselbeeren vermischen. Dazu passt auch eine Schlehdorn-Marmelade.

ZWEIERLEI VOM SAUALMGAMS MIT POLENTA

Gasthof Pension Zoller, Seite 158

ZUTATEN FÜR 4 PERSONEN

500 g Gamskeule, 500 g Gamsrücken, Salz, Pfeffer, Thymian, Walnussöl zum Anbraten, 1 Karotte, 1 Petersilienwurzel, etwas Sellerie, 1 kleine Zwiebel, Wacholderbeeren, Lorbeerblatt, etwas Rotwein

FÜR DIE POLENTA:

50 g Butter, 1/4 rote Paprika, 1/4 grüne Paprika, 100 g Polenta, ca. 250 ml Gemüsefond

ZUBEREITUNG

Gamskeule und Gamsrücken mit den Gewürzen einreiben. Danach mit Walnussöl auf allen Seiten scharf anbraten und den Rücken herausnehmen. Nun das Wurzelgemüse klein schneiden, mitrösten und mit Rotwein ablöschen. Die Keule mit dem Wurzelgemüse im Rohr bei 130 °C circa 45 Minuten garen, bis sie mürbe und weich ist. Danach den Gamsrücken für circa 15 Minuten dazugeben. Dieser sollte dann zart rosa gebraten sein. Anschließend das Wurzelgemüse mit etwas Suppe pürieren, abschmecken. Für Polenta die Butter erhitzen, die kleinwürfelig geschnittene Paprika und Polenta hinzufügen. Mit Gemüsefond aufgießen und unter Rühren einige Minuten kochen lassen. In eine Form geben und auskühlen lassen.

Raffinierte Hausmannskost: Rindsroulade mit Weißweinrisotto (l.) vom Forstnerwirt (M.) und Kalbsrücken mit Frühlingskräuterkruste (r.)

RINDSROULADE MIT WEISSWEINRISOTTO UND RUCOLASALAT

Gasthof Pension Baldauf, Seite 160

ZUTATEN FÜR 4 PERSONEN

4 Rindsschnitzel à 160 g,
Senf, 60 g Karotten, 60 g Sellerie,
60 g Essiggurken,
80 g geselchter Bauchspeck,
2 EL Öl,
Mehl zum Bestauben und Binden,
30 g Butter, 100 g Zwiebel,
500 ml Rindssuppe,
1/16 l Essiggurkenwasser,
1/16 l Rahm,
Salz und Pfeffer aus der Mühle

FÜR DAS RISOTTO:

400 g Rundkornreis,
80 g Zwiebel,
60 g Butter,
1/8 l Weißwein,
60 g geriebenen Parmesan,
1 l Wasser,
1/8 l Rahm

FÜR DEN RUCOLASALAT:

200 g Rucola,
Olivenöl,
Balsamico-Essig,
Salz, Pfeffer aus der Mühle

ZUBEREITUNG

Die Schnitzel klopfen, salzen, pfeffern und mit Senf bestreichen. Den Speck in dünne Scheiben schneiden und auf die Schnitzel legen. Danach das Wurzelwerk und die Gurken in 4 Millimeter dicke Streifen schneiden und ebenfalls darauflegen. Die Roulade einrollen und mit Bindgarn fixieren.
Das Öl erhitzen, die Rouladen mit Mehl bestauben, scharf anbraten und gleich wieder aus der Pfanne nehmen. Dann Butter in die Pfanne geben und die fein geschnittenen Zwiebeln darin anrösten. Mehl einmengen und etwas mitrösten, mit Suppe und Essiggurkenwasser aufgießen. Die Roulade dazugeben und im Rohr fertigdünsten. Anschließend die Roulade aus der Sauce heben. Die Sauce aufkochen lassen, den Rahm einrühren, passieren und abschmecken.
Für das Risotto die Zwiebeln in Butter anschwitzen, Reis dazugeben und salzen. Bei milder Hitze glasig rösten, mit Wein ablöschen, alles völlig reduzieren. Wasser nach und nach aufgießen, sodass der Reis immer bedeckt ist. Unter ständigem Rühren fertig garen. Der Reis soll bissfest und seine Konsistenz cremig sein. Dann Rahm unterrühren und beim Anrichten mit Parmesan bestreuen.
Für den Salat den Rucola mit Olivenöl, Balsamico-Essig, Salz und Pfeffer marinieren und anrichten.
Dazu passt ein würzig-vollmundiges Bier wie das berühmte Hirter 12/0er.

KALBSRÜCKEN MIT FRÜHLINGSKRÄUTERKRUSTE

Gasthaus Pollheimerwirt, Seite 162

ZUTATEN FÜR 4 PERSONEN

800g Kalbsrücken, zugeputzt, Salbei,
50 g gemischte Kräuter (z. B. Petersilie, Kerbel, Estragon, Bärlauch, Dill),
100 g Butter, temperiert, 100 g Weißbrotbrösel, Salz und Pfeffer

FÜR DAS PÜREE:

1 kg mehligkochende Kartoffeln,
1/4 l Milch, 100 g Butter, Salz, Pfeffer,
Muskat, 5 EL Trüffelöl

FÜR DEN GLACIERTEN SPARGEL:

600 g Spargel, 50 g Butter,
etwas Zucker, Salz und Pfeffer

ZUBEREITUNG

Kartoffeln in Salzwasser kochen. Währenddessen Kalbsfilet scharf anbraten, mit Salz, Pfeffer und Salbei würzen und bei 150 °C (Kerntemperatur 55 °C) garen. Für die Kruste Kräuter fein hacken, Butter schaumig rühren, würzen und mit den restlichen Zutaten vermengen. Anschließend auf das Filet plattieren und bei 190 °C überkrusten. Für das Püree Milch und Butter erhitzen, würzen, Kartoffeln und Trüffelöl beigeben, mit Schneebesen klumpfrei rühren.
Spargel schälen und in etwas Butter glacieren (nicht kochen, nur bei Jungspargel). Mit Salz, Pfeffer und Zucker würzen. Für die Sauce Bratenrückstand binden, nochmals abschmecken (evtl. Salbei) und mit etwas Butter montieren.

REZEPTE

Schweinemedaillons mit Spätzle (.), Erdäpfelgugelhupf mit Rahmeierschwammerln und Trüffel (M.) sowie Topfenreinkalan mit Grammeln (r.)

SAUALM-PFANDL

Gasthof Pension Thürnerwirt, Seite 166

ZUTATEN FÜR 1 PERSON

3 Medaillons vom Schweinefilet, Salz, schwarzer Pfeffer, Knoblauch, Majoran

FÜR DIE SAUCE:

Zwiebel, Paprika, Tomatenmark, Pilze der Saison, etwas Rotwein, Gurken, etwas Sahne

FÜR DIE SPÄTZLE:

1/2 kg Mehl, 3 Eier, Salz, Muskat, Mozzarella zum Überbacken

ZUBEREITUNG

Die Medaillons vom Schweinefilet mit Salz, schwarzem Pfeffer, Knoblauch und Majoran würzen und auf beiden Seiten in einer heißen Pfanne braten. Für die Sauce die in Streifen geschnittene Zwiebel und Paprika anbraten und mit etwas Tomatenmark vermischen. Die in Scheiben geschnittenen Pilze (am besten Steinpilze) dazugeben, mit Rotwein ablöschen und die Sauce kurz kochen lassen. Zum Schluss in Streifen geschnittene Gurken und Sahne dazugeben. Für die Spätzle das Mehl, die Eier, Salz und Muskat in eine Schüssel geben und etwas heißes Wasser beimengen, bis ein zäher Teig entsteht. Mithilfe eines Spätzlehobels in siedendes Wasser einkochen, im kalten Wasser abschrecken und kurz in einer Pfanne anschwenken. Sauce, Spätzle und Medaillons in einer Pfanne anrichten und mit Mozzarella überbacken.

ERDÄPFELGUGELHUPF

Mochoritsch, Seite 170

ZUTATEN FÜR 6 PERSONEN

FÜR DEN GUGELHUPF:

500 g Erdäpfel, 4 Eidotter, Eiweiß von 3 Eiern, Salz und Pfeffer, Muskatnuss, 70 g Maizena

FÜR DIE RAHMEIERSCHWAMMERLN:

200 g Eierschwammerln, 200 g Zwiebeln oder Schalotten, 250 ml Schlagobers, 80 g Crème fraîche, 60 g Butter, Salz und Pfeffer, Sommertrüffel nach Belieben

ZUBEREITUNG

Für den Erdäpfelgugelhupf die gekochten Erdäpfel grob raspeln und mit dem Eidotter und Stärkemehl vermengen. Salzen, pfeffern und nach Belieben Kräuter hinzufügen. Das steif geschlagene Eiweiß unter die Erdäpfelmasse heben und in ausgebutterte, kleine Gugelhupfformen füllen. Die Formen auf ein Backblech mit etwas Wasser stellen. Bei 140 °C mit Heißluft 20 Minuten backen.
Für die Eierschwammerl-Rahmsauce die fein geschnittenen Schalotten oder Zwiebeln in zerlassener Butter leicht anschwitzen. Dann die Eierschwammerln dazugeben und kurz anrösten. Danach mit Schlagobers aufgießen, salzen und pfeffern. Zum Schluss Crème fraîche einrühren und alles mit Petersilie und gehobeltem Sommertrüffel verfeinern.

TOPFENREINKALAN MIT GRAMMELN

Mochoritsch, Seite 170

ZUTATEN FÜR 6 PERSONEN

100 g Grammeln,
400 g Topfen, fein passiert,
150 g griffiges Mehl,
2 Eidotter,
2 ganze Eier,
Salz und Pfeffer,
1 EL Maizena,
Schweineschmalz zum Backen

ALS GARNITUR:

Blattsalate,
Apfelessig,
Sonnenblumenkernöl,
Karreespeck, in Scheiben

ZUBEREITUNG

Alle Zutaten in eine Schüssel geben und gut durchrühren. Mit einem Esslöffel kleine Reinkalan (Laibchen) formen und in Schweineschmalz herausbacken. Für die Beilage Blattsalate mit Apfelessig und Sonnenblumenkernöl anmachen.

ANRICHTEN

Auf dem marinieten Salat angebratene Karreespeckscheiben verteilen und die Reinkalan daraufsetzen.
Tipp: Im Winter kann man die Reinkalan auch auf Sauerkraut mit Schweinsbratensaft servieren.

Vielfalt: Kärntner Ritschert bzw. Eintopf (l.), ein besonders gehaltvolles Schnitzel (M.) und ein Schweinefilet im Tramezzone-Mantel (r.)

KÄRNTNER RITSCHERT

Gasthof Pension Kirchenwirt/ Kolleritsch, Seite 178

ZUTATEN FÜR 2 PERSONEN

100 g Rollgerste,
100 g Indianerbohnen,
1 Selchstelze,
100 g Zwiebel,
100 g Karotten,
100 g Kartoffeln,
50 g Sellerieknolle,
50 g Petersilienwurzel,
1/2 EL Salbei,
1/2 EL Selleriegrün,
2 Knoblauchzehen,
Salz

ZUBEREITUNG

Rollgerste und Bohnen gesondert über Nacht einweichen. Bohnen in frischem Wasser weich kochen. Die Selchstelze in Wasser aufstellen und kochen.
Die Zwiebeln in Würfel schneiden, anschwitzen und mit Selchsuppe (ohne Stelze) ablöschen. Die Rollgerste dazugeben und weich kochen. Dann Karotten, Kartoffeln, Sellerieknolle und Petersilienwurzel in kleine Würfel schneiden, nach der Hälfte der Garzeit ebenfalls hinzufügen und alles weich kochen. Zu guter Letzt auch noch die gekochten Bohnen dazugeben, ebenso die gehackten Kräuter. Mit Salz und gehacktem Knoblauch abschmecken und noch 5 Minuten kochen. Mit der Stelze anrichten.

KÄRNTNER SCHNITZEL

Restaurant Pirkdorfer See, Seite 180

ZUTATEN FÜR 4 PERSONEN

4 Schweineschnitzel à 200 g,
200 g Mehl,
4 Eier,
200 g Semmelbrösel,
2–3 Erdäpfel, gekocht,
Öl zum Braten,
Salz und Pfeffer

ZUBEREITUNG

Schweineschnitzel von der Karree-Rose klopfen, salzen und pfeffern. In Mehl, Ei und Semmelbrösel wenden.
Gekochte Erdäpfel schälen, in Scheiben schneiden und ein wenig salzen.
Die Kartoffelscheiben ebenfalls in Ei wenden, auf das Schnitzel legen, mit etwas Semmelbrösel bestreuen und fest andrücken! Nun gibt es zwei Optionen:
In der Pfanne: Öl in einer Pfanne erhitzen und das panierte Schnitzel darin herausbacken.
In der Fritteuse: Bei 160 °C herausbacken und mit einem zweiten Frittierkorb das Schnitzel in der Fritteuse ab und zu untertauchen.

ANRICHTEN

Das fertige Kärntner Schnitzel mit einem bunt gemischten Salat servieren. Eine weitere Beilage ist aufgrund der mit dem Schnitzel mitgebackenen Kartoffelscheiben nicht notwendig.

SCHWEINEFILET IM TRAMEZZONE-MANTEL MIT SPARGEL

Gasthof Café Krone, Seite 182

ZUTATEN FÜR 4 PERSONEN

1 kleines Schweinefilet, Salz,
frisch gemahlener Pfeffer, 3 EL Öl,
260 g Putenbrust, 100 ml Sahne,
100 ml Eiweiß, 500 g grüner Spargel,
3 Blatt Tramezzone

ZUBEREITUNG

Den Backofen auf 165 °C vorheizen. Das Schweinefilet mit Salz und Pfeffer würzen, in Öl anbraten, aus der Pfanne nehmen und auskühlen lassen. Die Putenbrust in kleine Würfel schneiden und mit Sahne und Eiweiß im Kutter zu einer Farce verarbeiten. Die Farce mit Salz und Pfeffer abschmecken.
Den grünen Spargel leicht blanchieren. Die drei Tramezzone-Blätter leicht überlappend auf die Arbeitsfläche legen. Farce aufstreichen, ausgekühlten Spargel darauflegen, das Schweinefilet auf dem Spargel platzieren und vom Rand her einrollen. Die Rolle auf ein mit Backpapier belegtes Blech setzen und circa 30 Minuten backen. Das Filet sollte eine Kerntemperatur von 59 °C haben.

Carnica-Kaiserschmarrn (l.). Forelle mit Knoblauchbutter (M.) aus dem Landgasthof Seebacher (r.), einem alten Nockalmholzhaus

CARNICA-KAISER-SCHMARRN

Gasthof Hotel Zur Post, Seite 76

ZUTATEN FÜR 1 HAUPTGERICHT ODER 2 NACHSPEISEN

1/8 l Milch,
80 g Naturweizenmehl,
etwas Zucker zum Karamellisieren,
30 g Butter, zerlassen,
1 Prise Salz,
3 Dotter,
3 Eiklar,
Rosinen nach Geschmack

ZUBEREITUNG

Milch, Mehl und Eidotter mischen und glatt rühren. Das Eiklar mit einer Prise Salz steif schlagen. Das Eiklar in die restliche Masse unterheben. Bei leichter Hitze in der Butter herausbacken. Mehrmals wenden und dabei immer wieder mit etwas Zucker bestreuen, wodurch das Ganze karamellisiert wird. Danach mit zwei Gabeln klein zerteilen, anrichten und mit einer Zimt-Staubzucker-Mischung bestreuen. Dazu serviert man am besten ein Zwetschenröster-Kompott.

FORELLE MIT KNOBLAUCH- ODER MANDELBUTTER

Landgasthof Seebacher, Seite 122

ZUTATEN FÜR 4 PERSONEN

4 Forellen (oder Saiblinge), ausgenommen, Salz, Pfeffer,
Petersilie,
Knoblauch oder Mandeln, gehobelt,
Semmelbrösel und Mehl (Universal) zum Wenden,
60 ml Rapsöl, Butter

FÜR DIE BEILAGE:

Petersilienkartoffeln,
Zitronenspalten,
Tomatenscheiben,
Kräutergarnitur

ZUBEREITUNG

Das Backrohr auf 200 °C vorheizen. Die Forellen (oder Saiblinge) ausnehmen, waschen und trocken tupfen. Den Fisch innen und außen mit Salz und Pfeffer würzen, in den Bauch etwas gehackte Petersilie und gepressten Knoblauch füllen und dann in Brösel und danach in Mehl wenden. In Rapsöl beidseitig scharf anbraten, ins vorgeheizte Rohr geben und 10 Minuten bei Heißluft braten.
Ein paar Stücke Butter in der Pfanne mit etwas Knoblauch bräunen und über den Fisch geben. Wer keinen Knoblauch mag, kann die Butter stattdessen auch mit Mandeln zubereiten: Gehobelte Mandeln in die zerlassene Butter geben und so lange rösten, bis sie eine hellbraune Farbe bekommen. Danach über den Fisch geben.
Den Fisch mit Petersilienkartoffeln, einer Zitronenspalte, Tomatenscheiben und Kräutergarnitur anrichten.

Im Herzen des Lavanttals: Blick vom Schloss auf Wolfsberg

ADRESSVERZEICHNIS

A

ADLER LOUNGE *26*
Walter Hartweger
Großdorf 81
A-9981 Kals am Großglockner
Telefon 00 43 (0) 48 76 / 82 33-250
info@adlerlounge.at
www.adlerlounge.at

WIRTSHAUS & RESTAURANT
„**A**LTE MÜHLE“ MATREI
Familie Karolyi-Steiner
Gereitstraße 4
A-9971 Matrei in Osttirol
Telefon 00 43 (0) 48 75 / 5 10 20 10
Telefax 00 43 (0) 48 75 / 5 10 20 10-15
altemuehle@alpenparks.at
www.altemühle.at

RESTAURANT **A**NFORA *168*
Bernhard Jandl
St. Jakob 35
A-9433 St. Andrä
Telefon 00 43 (0) 6 64 / 1 17 25 71
jandl@restaurant-anfora.at
www.restaurant-anfora.at

B

GASTHAUS **B**ACHER *120*
Heidrun und Jürgen Himberger
Gnesau 38
A-9563 Gnesau
Telefon 00 43 (0) 42 78 / 2 95
himberger@bacher-gnesau.at
www.bacher-gnesau.at

RESTAURANT **B**ACHLER *138*
Gottfried Ernst Bachler
Silberegger Straße 1
A-9333 Althofen
Telefon 00 43 (0) 42 62 / 38 35
Telefax 00 43 (0) 42 62 / 38 35-4
restaurant@bachler.co.at
www.bachler.co.at

HOTEL RESTAURANT *154*
BÄRNTHALER
Familie Bärnthaler
Obdacher Straße 290a
A-9462 Bad St. Leonhard
Telefon 00 43 (0) 43 50 / 24 01
hotel@baernthaler.com
www.baernthaler.com

D

HOTEL-GASTHOF *156*
DEIXELBERGER
Elisabeth und Franz Deixelberger
Gräbern 18
A-9461 Prebl
Telefon 00 43 (0) 43 53 / 3 66
Mobil 0043 (0) 664 / 2 61 34 91
gasthof@deixelberger.at
www.urlaub-lavanttal.at

CAFÉ-RESTAURANT *42*
DORFSTÜBERL
Christian und Marlies Lackner
Hof 4
A-9844 Heiligenblut
Telefon 00 43 (0) 48 24 / 20 19
dorfstueberl@gmx.at

F

BRAUEREIGASTHOF *18*
FALKENSTEIN
Artur Wieser
Pustertalerstraße 40
A-9900 Lienz
Telefon 00 43 (0) 48 52 / 6 22 70
Telefax 00 43 (0) 48 52 / 6 22 70-4
artur@brauereiwirt.at
www.brauereiwirt.at

FALLE DAS LANDGASTHAUS *96*
Familie Falle
Triester Straße 12
A-9220 Lind ob Velden
Telefon 00 43 (0) 42 74 / 29 12
Telefax 00 43 (0) 42 74 / 29 12-3
office@landgasthaus-falle.at
www.landgasthaus-falle.at

GASTHOF **F**EICHTER *66*
Familie Warmuth
Faakerseestraße 17
A-9584 Finkenstein
Telefon 00 43 (0) 42 54 / 22 14
Telefax 00 43 (0) 42 54 / 22 14-44
gasthof.feichter@aon.at
www.gasthof-feichter.com

FEINES HAUS *98*
Rudolf FRIERSS & Söhne
Geschäftsführer: Rudolf Frierss
Gewerbezeile 4
A-9500 Villach
Telefon 00 43 (0) 42 42 / 30 40 45
Telefax 00 43 (0) 42 42 / 30 40 21
info@feines-haus.at
www.feines-haus.at

ADRESSVERZEICHNIS

M

GASTHAUS **M**ARINELLI *30*
Thomas Glanzer
Bahnhofstraße 78
A-9991 Dölsach
Telefon 00 43 (0) 48 52 / 6 82 08
marinelli@gmx.at
www.gasthaus-marinelli.at

MATREIER TAUERNHAUS *24*
Anneli und Andreas Brugger
Tauer 22
A-9971 Matrei
Telefon 00 43 (0) 48 75 / 88 11
Telefax 00 43 (0) 48 75 / 88 11 12
matreier.tauernhaus@gmx.at
www.matreier-tauernhaus.com

GREGOR **M**ISCHKULNIG *70*
VLG. HAPPE
Gregor Mischkulnig
Treffner Straße 47
A-9536 St. Egyden
Telefon 00 43 (0) 42 74 / 52 28 6
Mobil 00 43 (0) 6 64 / 4 30 81 38
mischkulnig@veldner-bauern.com
www.veldner-bauern.com

MOCHORITSCH *170*
Familie Jernej
MOCHORITSCH ECK
Seelach am Klopeinersee
MOCHORITSCH STAMMHAUS
Rückersdorf 5
A–9123 St. Primus
Telefon 00 43 (0) 42 37 / 22 12
MOCHORITSCH GRIFFEN-RAST
(Autobahnausfahrt Griffen)
Gewerbestraße 11
A–9112 Griffen
Telefon 00 43 (0) 42 33 / 2 53 53
riffen-rast@mochoritsch.at
www.mochoritsch.at

O

GASTHOF PENSION
OBERER MOSER 140
Familie Schumi
Reipersdorf 4
A-9313 St. Georgen am Längsee
Telefon 00 43 (0) 42 13 / 20 38
Telefax 00 43 (0) 42 13 / 20 38-4
office@oberermoser.at
www.oberermoser.at

P

RESTAURANT *180*
PIRKDORFER SEE
Gerhard Marin
Pirkdorf 29
A-9143 Feistritz ob Bleiburg
Telefon 00 43 (0) 42 30 / 3 21
Telefax 00 43 (0) 42 30 / 3 21-4
gerhard.marin@aon.at
www.pirkdorfersee.at

PFEFFERMÜHLE *54*
Yvonne Thurner
Kötschach 331
A-9640 Kötschach-Mauthen
Telefon 00 43 (0) 47 15 / 5 60
Telefax 00 43 (0) 47 15 / 5 60-6
info@pfeffermuehle.com
www.pfeffermuehle.com

GASTHAUS **P**OLLHEIMERWIRT *162*
Familie Jöbstl
Pollheim 4
A-9411 St. Michael
Telefon 00 43 (0) 43 52 / 6 10 31
Telefax 00 43 (0) 43 52 / 6 12 20
office@pollheimerwirt.at
www.pollheimerwirt.at

GASTHOF **P**OST *46*
Familie Heiß
Rennweg 5
A-9863 Rennweg am Katschberg
Telefon 00 43 (0) 47 34 / 2 04
Telefax 00 43 (0) 47 34 / 2 04-4
info@gasthofpost-rennweg.at
www. gasthofpost-rennweg.at

GASTHOF HOTEL ZUR **P**OST *76*
Harald Kramer
A-9163 Unterbergen 3
Telefon 00 43 (0) 42 27 / 20 78-0
Telefax 00 43 (0) 42 27 / 20 78-30
info@hotelzurpost.at
www.hotelzurpost.at

HOTEL RESTAURANT *136*
PRECHTLHOF
Familie Krassnitzer
Schobitzstraße 1
A-9330 Althofen
Telefon 00 43 (0) 42 62 / 26 14-0
Telefax 00 43 (0) 42 62 / 26 17-4
hotel@prechtlhof.com
www.prechtlhof.com

P. S. GASTRONOMIE U. HANDELSGES.M.B.H. *92*
Am Corso 10
A-9220 Velden
CASINOHOTEL VELDEN
Geschäftsführer: Manuel Politzky
Telefon 00 43 (0) 42 74 / 5 12 33
Telefax 00 43 (0) 42 74 / 5 12 30
rezeption@casino-hotel.at
www.casinohotel.at
RESTAURANT CARAMÉ
Geschäftsführer: Günter Faderl
Telefon 00 43 (0) 42 74 / 30 00
Telefax 00 43 (0) 42 74 / 5 12 30
3000@carame.at
www.restaurant-carame.at

R

LANDGASTHOF **R**EIDNWIRT *128*
Irmgard und Karl Liebetegger
Retschitz 3
A-9554 St. Urban
Telefon 00 43 (0) 42 77 / 82 44
gasthof@reidnwirt.com
www.reidnwirt.com

ROSMARIE'S KRÄUTERGARTEN *52*
Rosmarie und Sepp Kranabetter
Griebitsch 2
A-9773 Irschen
Telefon 00 43 (0) 47 10 / 31 69
Mobil 00 43 (0) 6 76 / 4 10 76 92
rosmaries.kraeutergarten@aon.at

S

SAAG – JA GASTRO & HANDELS GMBH *90*
Geschäftsführender Gesellschafter:
Hubert Wallner
Saag 11
A-9212 Techelsberg am Wörthersee
Telefon 00 43 (0) 42 72 / 4 35 01
office@saag-ja.at
www.saag-ja.at

GASTHOF **S**CHATTLEITNER *142*
Familie Breitenhuber
St.-Veiter-Straße 1
A-9371 Brückl
Telefon 00 43 (0) 42 14 / 22 41
Telefax 00 43 (0) 42 14 / 22 41-22
gasthof-schattleitner@gmx.at
www.gasthof-schattleitner.com

SCHENKE ZUM KREBSEN *134*
Herbert Wastian
Neumarkter Straße 19
A-9360 Friesach
Telefon 00 43 (0) 42 68 / 23 36
info@schenke-zum-krebsen.at
www.schenke-zum-krebsen.at

HOTEL **S**CHLOSS SEEFELS *88*
Direktor: Egon Haupt
Töschling 1
A-9212 Pörtschach, Techelsberg am Wörthersee
Telefon 00 43 (0) 42 72 / 23 77
Telefax 00 43 (0) 42 72 / 37 04
office@seefels.at
www.seefels.com

RADGASTHOF **S**CHÜTZ *74*
Johann Schütz
Kirschentheuer 2
A-9162 Kirschentheuer
Telefon 00 43 (0) 42 27 / 24 82
Telefax 00 43 (0) 42 27 / 24 82 66
office@schuetz-hotel.at
www.schuetz-hotel.at

LANDGASTHOF **S**CHWAIGER *40*
Andreas Schwaiger
Mörtschach 35
A-9842 Mörtschach
Telefon 00 43 (0) 48 26 / 2 05
andreas-schwaiger@aon.at
www.schwaigers-landgasthof.at

SCHWEIZERHAUS – RESTAURANT AM KREUZBERGL *82*
Jürgen Kruptschak
Kreuzbergl 11
A-9020 Klagenfurt
Telefon 00 43 (0) 4 63 / 56 72 1
Telefax 00 43 (0) 4 63 / 56 72 16
office@schweizerhaus.co.at
www.schweizerhaus.co.at

LANDGASTHOF **S**EEBACHER *122*
Familie Seebacher
Gurk 23
A-9563 Gnesau
Telefon 00 43 (0) 42 78 / 2 57
Telefax 00 43 (0) 42 78 / 2 57-4
gasthof.seebacher@aon.at
www.seebacher.at

ADRESSVERZEICHNIS

GASTHOF **S**EEWIRT SPIESS *124*
Claudia und Josef Spieß
Maltschach am See 2
A-9560 Feldkirchen
Telefon 00 43 (0) 42 77 / 26 37
Telefax 00 43 (0) 42 77 / 26 37-4
office@seewirt-spiess.com
www.seewirt-spiess.com

GASTHOF **S**ILLIANER WIRT *16*
Familie Hofmann
Sillian 51
A-9920 Sillian
Telefon 00 43 (0) 48 42 / 2 01 50
Telefax 00 43 (0) 48 42 / 2 01 53
info@sillianerwirt.at
www.sillianerwirt.at

SPECKLADLE HÖFERER *132*
Christa Höferer
Wiener Straße 12
A-9360 Friesach
Telefon 00 43 (0) 42 68 / 23 92
Telefax 00 43 (0) 42 68 / 3 73 30
christa.hoeferer@aon.at

GASTHAUS **S**TEFANER *72*
Beate und Andreas Oberdorfer
Suetschach 33
A-9181 Feistritz im Rosental
Telefon 00 43 (0) 42 28 / 21 35
gasthausstefaner@aon.at
www.gasthausstefaner.at

STIFTSSCHMIEDE *102*
FISCHRESTAURANT & BAR AM SEE
Gerhard Satran
Ossiach 4
A-9570 Ossiach
Telefon 00 43 (0) 42 43 / 4 55 54
Telefax 00 43 (0) 42 43 / 4 55 53
office@stiftsschmiede.at
www.stiftsschmiede.at

T

GASTHOF-PENSION *166*
THÜRNERWIRT
Familie Schliefnig
Siegelsdorf 16
A-9431 St. Stefan
Telefon 00 43 (0) 43 52 / 8 12 00
helmutschliefnig@msn.com
www.gasthof-thuernerwirt.at

GASTHOF **T**REFFLINGERWIRT *48*
Familie Oberlerchner
Treffling 40
A-9871 Seeboden
Telefon 00 43 (0) 47 62 / 8 11 28
Telefax 00 43 (0) 47 62 / 8 21 45
trefflingerwirt@aon.at
www.carinthian-shire-horse.at

VILLA **T**OSCANA *80*
René Planka
Sonnwendgasse 27
A-9020 Klagenfurt am Wörthersee
Telefon 00 43 (0) 463 / 31 92 60
office@villatoscana.at
www.villatoscana.at

W

BAUERNLADEN **W**ALTER *44*
Helmut und Katharina Walter
Räuflach 6
A-9821 Obervellach
Telefon 00 43 (0) 47 82 / 20 28
Telefax 00 43 (0) 47 82 / 2 98 22
info@bauernladen-walter.at
www.bauernladen-walter.at

WEINGUT KARNBURG *78*
Sem Kegley und Georg Michael Lexer
Leiten 6
A-9063 Klagenfurt am Wörthersee
Telefon 00 43 (0) 6 50 / 8 27 12 44
Telefon 00 43 (0) 6 76 / 9 43 20 94
info@weingut-karnburg.eu
www.weingut-karnburg.eu

WEINPHILO *20*
Alexandra und Mario Urso
Messinggasse 11
A-9900 Lienz
Telefon 00 43 (0) 48 52 / 6 12 53
info@weinphilo.com
www.weinphilo.com

WIRTSHAUS UMADUM *68*
Markus Eisner
Aichwaldseestraße 26
A-9582 Unteraichwald bei Latschach
Telefon 00 43 (0) 42 54 / 2 57 27
Mobil 00 43 (0) 6 64 / 3 82 09 63
info@wirtshaus-umadum.at
www.wirtshaus-umadum.at

WOLFSBERGER HOFKÄSEREI *164*
SCHIFFERL
Familie Schifferl vlg. Schmuck
Rikliweg 12
A-9400 Wolfsberg
Telefon 00 43 (0) 43 52 / 5 16 52
schifferl@aon.at
www.kaese-schifferl.at

Z

GASTHOF PENSION **Z**OLLER *158*
Traudi und Peter Stückler
Forst 57
A-9412 St. Margarethen
Telefon 00 43 (0) 43 52 / 6 13 57
Telefax 00 43 (0) 43 52 / 6 13 57
zoller@aon.at
www.zoller-urlaube.at

Markante Wehranlage: Burg Heinfels in der Marktgemeinde Sillian in Osttirol

REZEPTVERZEICHNIS

B

C

D

E

F

G

H

K

L

M

O

P

R

S

T

V

W

Z

Besondere Adressen für Sie entdeckt

Donau – von Passau bis Krems
200 Seiten, Hardcover
978-3-86528-459-4

Elsass – l' Alsace
272 Seiten, Hardcover
978-3-86528-557-7

Mecklenburg-Vorpommern
368 Seiten, Hardcover
978-3-86528-460-0

Ortenau
144 Seiten, Hardcover
978-3-86528-437-2

Schätze zwischen Isar und Lech
128 Seiten, Hardcover
978-3-86528-852-9

Schätze Bodensee und Oberschwaben
192 Seiten, Hardcover
978-3-86528-556-9

Baden-Baden und Ortenau
136 Seiten, Hardcover
978-3-86528-461-7

Hamburg
160 Seiten, Hardcover
978-3-86528-455-6

Bestes Handwerk Niederbayern
160 Seiten, Hardcover
978-3-86528-465-5

Genussvolles München
160 Seiten, Hardcover
978-3-86528-515-7

Raum & Design München
184 Seiten, Hardcover
978-3-86528-546-1

Faszination Welterbe Deutschlands Norden
256 Seiten, Hardcover
978-3-86528-545-4

Weitere Empfehlungen für Sie

Powersnacks
Die besten 60 Rezepte für zwischendurch
144 Seiten, Hardcover
978-3-86528-725-0

The Art of Burger
144 Seiten, Hardcover
978-3-86528-725-0

Die Feuerwehr kocht mit Feuer und Flamme
208 Seiten, Hardcover
978-3-86528-699-4

Beef Buddies
Das Kochbuch für echte Kerle
256 Seiten, Hardcover
978-386528-795-3

Wein? Yes!
176 Seiten, wattierter Umschlag
978-3-86528-770-0

Morgens & Abends
Frühstücks- und Abendbrotbuch
224 Seiten, Hardcover
978-3-86528-705-2

Umschau

Für weitere Informationen über unsere Reihen wenden Sie sich direkt an den Verlag:

Neuer Umschau Buchverlag GmbH
Moltkestraße 14
D-67433 Neustadt / Weinstraße

☎ + 49 (0) 63 21 / 877-833
+ 49 (0) 63 21 / 877-859
@ info@umschau-buchverlag.de

Besuchen Sie uns auch im Internet:
www.umschau-buchverlag.de

IMPRESSUM

TEXT/RECHERCHE
Christian Seher, Treffen
www.dertexter.at

FOTOS
Johannes Puch, Klagenfurt
www.johannespuch.at

LEKTORAT/PRODUKTION
Susanne Kranz, Hamburg
www.susannekranz.de

GESTALTUNG
Anja Winteroll, Hamburg
www.anjawinteroll.de

REPRODUKTION
Blaschke Vision,
Peter Blaschke, Laubach

KARTE
Thorsten Trantow, Kenzingen
www.trantow-atelier.de

DRUCK UND VERARBEITUNG
NINO Druck GmbH, Neustadt an der Weinstraße
www.ninodruck.de

Printed in Germany
ISBN: 978-3-86528-856-1

Wir bedanken uns für die freundlicherweise zur Verfügung gestellten Fotos bei: Gasthof Post (Seite 46), Gasthof Feichter (Seite 67), SAAG-JA (Seite 90, 91 u.), P.S. Gastronomie (Seite 93 M. und u., Seite 95), Hotel Gasthof Deixelberger (Seite 157 M.), Rita Newman (Seite 38 und 114), Robert Illemann (Seite 200 o.)

Besuchen Sie uns im Internet:
www.umschau-buchverlag.de